Las 100 dudas más frecuentes del alemán

Goethe-Institut
Las 100 dudas más frecuentes del alemán

Patricia Rodríguez López

Gisela Rumold

Espasa es un sello de Editorial Planeta, S. A.
Avda. Diagonal, 662-664
08034 Barcelona
www.planetadelibros.com

Diseño e ilustraciones de la colección:
© Carme Pons y Miguel Bustos

Preimpresión: MT Color & Diseño, S. L.

ISBN: 978-84-670-5943-4
Depósito legal: B. 5.100-2021

Impreso en España / *Printed in Spain*
Impresión: Huertas, S. A.

El papel utilizado para la impresión de este libro está calificado como papel ecológico y procede de bosques gestionados de manera sostenible.

Índice

Dudas sobre las palabras compuestas

Dudas sobre gramática

SOBRE EL SUSTANTIVO

SOBRE EL ADJETIVO

SOBRE EL VERBO

SOBRE LAS PREPOSICIONES

Dudas sobre el orden de la oración

Dudas sobre ortografía

Dudas sobre pronunciación

Presentación

El alemán es un idioma de origen germánico, igual que, por ejemplo, el inglés, lo cual explica por qué existen tantas similitudes entre ambas lenguas. Encontramos sus primeros testimonios en el siglo VIII, en glosas, traducciones de textos religiosos latinos y poemas de contenido heroico, político o religioso. Hasta el siglo XI este idioma no sufre muchos cambios y se denomina «alto alemán antiguo». Entre los siglos XI y XIV se encuentran muchos más testimonios, como poemas líricos y épicos, tanto religiosos como laicos, documentos notariales o crónicas. El idioma experimenta cambios y recibe el nombre de «alto alemán medio». En los siglos XIV a XVII se encuentran nuevamente más testimonios, incluyendo en ellos literatura técnica y la traducción de la Biblia por Martin Lutero, que es la obra más relevante y la más reproducida en forma de libro durante mucho tiempo. Finalmente, a partir del siglo XVII, encontramos el «alto alemán moderno», hablado hasta hoy en día, pero con variaciones respecto al idioma del siglo XVII.

En la actualidad el alemán —cuyo nombre viene de un conjunto de tribus germánicas occidentales, los alamanes, que vivían en la zona que hoy es el suroeste de Alemania, entre el Rin y el Meno, denominación que llegó a través del francés al español— lo hablan unos cien millones de personas como lengua materna en un área geográfica continua distribuida entre Alemania, Austria, Suiza, Liechtenstein, Luxemburgo, Bélgica, Francia, Italia y Dinamarca. Sin embargo, es lengua oficial únicamente en Alemania, Austria, Suiza, Liechtenstein, Luxemburgo, Bélgica y la Unión Europea, siendo la lengua materna más hablada en esta última y la segunda más hablada en toda Europa, después del ruso. Además, unas 55.000 personas lo aprenden como lengua extranjera en Europa, entre otros países en España. Asimismo, es el idioma que hoy en día se usa mucho en los campos de la filosofía, el derecho y la música, siendo casi obligatorio aprenderlo si uno se dedica a uno de estos campos.

El número de estudiantes de alemán como lengua extranjera ha ido aumentando en la última década y el interés hacia la lengua alemana ha crecido no solamente en el ámbito laboral, sino también en los colegios, donde ya se estudia como tercera o cuarta lengua. El Goethe Institut colabora desde el año 2008 con el Ministerio Federal de Relaciones Exteriores y con otras instituciones en el proyecto PASCH («Los colegios, socios para el futuro») que busca despertar el interés del idioma alemán en jóvenes y reforzar el vínculo entre Alemania y España. Además, el Goethe Institut tiene como meta el intercambio cultural y la enseñanza del idioma alemán en sus distintas sedes en España. Ofrece cursos y exámenes oficiales tanto para adultos como para jóvenes y niños, dado que el interés hacia este idioma se ha incrementado significativamente en los últimos años. Cada vez hay más personas que quieren aprender el alemán. Su motivación es muy diferente, ya que se necesita alemán para cubrir distintas necesidades, como, por ejemplo, en el campo de la ciencia, el comercio u otros ámbitos laborales.

El alemán tiene fama de ser un idioma difícil de aprender, sea por sus palabras tan extremadamente largas, por la pronunciación distinta al español o bien por las diferencias que presenta respecto a este, tanto en el léxico como en la gramática. Sin embargo, el conocimiento de la lengua alemana puede mejorar las posibilidades de acceso a la vida laboral y abrir muchas otras puertas, además de crear nuevas oportunidades. De estos puntos fuertes ya se han dado cuenta nuestros alumnos.

Las dos autoras de esta publicación somos profesoras y examinadoras de alemán en el Goethe Institut de Madrid y nos enfrentamos todos los días a una serie de preguntas y dudas que nos plantean nuestros estudiantes. Para poder dar respuesta a algunas de las más frecuentes, o —a nuestro entender— más importantes, nace este libro.

Con esta publicación queremos resolver las incertidumbres que se pueden presentar en la adquisición del idioma alemán. Para ello hemos reunido las 100 dudas, y sus respuestas, que a nuestro juicio pueden ofrecer un panorama amplio del alemán. Se presenta cada una de las dudas con una pregunta inicial acompañada de un ejemplo. A continuación, se intenta dar una respuesta directa a dicha duda. Además, se completa con una explicación más detallada, siempre ilustrada con numerosos ejemplos para el mejor entendimiento. En algunos casos las respuestas contienen información complementaria como esquemas o tablas para facilitar su mayor comprensión y tratar las dudas desde distintas perspectivas.

El libro abarca tanto temas generales como otros más concretos como el léxico, palabras compuestas, dudas sobre la gramática, el orden dentro de la oración o relacionadas con la ortografía y pronunciación.

Esperamos que este pequeño libro ayude a romper el estereotipo de que el alemán es un idioma difícil de aprender y que su lectura pueda servir de guía tanto a los estudiantes de este idioma como a todos aquellos lectores que tengan curiosidad por aprender y mejorar su alemán. Les deseamos a todos: *Viel Erfolg!*

Las autoras

Dudas generales

1. *Wie heißt du?* ¿Es correcto dirigirse así a un desconocido?

En alemán, como en español, existen dos formas gramaticales para dirigirse a otra persona. Una es la forma cortés, amable y educada, equivalente al *usted* español: *Sie*. La otra es la forma familiar, próxima al *tú* español: *du*.

Sie se usa con el verbo en tercera persona del plural y con el apellido de la persona:

> *Wie heißen Sie, Herr Maier?*
> *Woher kommen Sie, Frau Huber?*
> *Wo wohnen Sie, Herr Nolte?*

Du se utiliza con el verbo en segunda persona del singular y el nombre de pila de la persona:

> *Wie heißt du, Kerstin?*
> *Woher kommst du, Jochen?*
> *Wo wohnst du, Britta?*

Como regla general, *Sie* se usa siempre con personas desconocidas o con conocidos que no pertenecen al círculo íntimo (familiares y amigos personales). No se usa nunca para dirigirse a un niño o adolescente, aunque la edad de 16 años es el momento en el cual el entorno de la persona empieza a usar *Sie* con el menor. Eso se manifiesta, por ejemplo, en que los profesores del equivalente alemán a 4.º de la ESO —momento en el que la mayoría de los alumnos cumplen los 16 años—

ya no tutean a los estudiantes, sino que se dirigen a ellos con *Sie*. También en comercios, bancos y otros entornos públicos como conciertos, reuniones, en la calle o en restaurantes y bares, se usa siempre *Sie* para dirigirse a los empleados o las personas que le rodean a uno. Por lo tanto, *Sie* es el tratamiento más común que expresa respeto hacia la otra persona y es signo de buena educación.

Sin embargo, en el entorno familiar, con amigos íntimos y con los niños se usa siempre *du*. Es decir, este tratamiento expresa una cercanía emocional y un lazo de amistad y aprecio. También se puede usar dentro de un colectivo determinado como, por ejemplo, entre estudiantes universitarios, entre los que está generalizado el tuteo aunque no se hayan visto antes ni sean amigos en sentido estricto. Hoy en día, el ámbito laboral también ofrece este sentimiento de pertenencia a un grupo o colectivo, por lo que es habitual que compañeros de trabajo se tuteen, aunque esto es una tendencia nueva y no está generalizada. Por eso es recomendable empezar utilizando el *Sie* cuando se entra en un nuevo trabajo y esperar a ver cómo los demás emplean el *Sie* o el *du* para, en su caso, ir pasando poco a poco al *du*.

Eso nos lleva a la pregunta de cómo se puede pasar del *Sie* al *du*, porque no se puede cambiar así como así. En alemán esto sería una falta de respeto grave y por ello está socialmente muy regulado. Son tres las reglas que determinan quién puede proponer el *du* a quién, es decir, quien da permiso a la otra persona para que lo tutée:

- La mujer propone el *du* al hombre. Esta regla es muy tradicional y hoy en día solo se aplica en entornos muy conservadores.
- La persona de más edad propone el *du* al más joven. Esta regla refleja el respeto hacia las personas mayores.

- El jefe propone el *du* al empleado. Esta regla viene dada por la jerarquía laboral y es la que prevalece sobre las otras dos anteriores en el ámbito del trabajo. Por lo tanto, el jefe joven puede proponer el *du* a una empleada mayor que él, pero al revés no es posible.

El acto de proponer el *du* se hace de forma verbal, ofreciendo expresamente este trato. La persona a la que se propone el *du* puede aceptarlo o no, según quiera. Pero tiene que saber que si acepta el trato de *du* es para siempre, porque volver al *Sie* es impensable, en todo caso expresaría un grave conflicto entre ambas personas. Una vez que se haya aceptado el nuevo trato, las dos personas dicen su nombre de pila y se dan la mano o brindan con alguna bebida si la tienen cerca. En el caso de que al día siguiente uno de los dos se dé cuenta de que preferiría no haber ofrecido o aceptado el *du* —por ejemplo, si ha ocurrido durante una fiesta y después de consumir alcohol—, todavía puede volver al *Sie* explicándolo verbalmente a la otra persona. Pero si no se hace eso en un plazo de unas veinticuatro horas, el trato de *du* ya es para el resto de la vida.

En comparación con el español, el alemán usa mucho más la forma del *usted*, y existen normas sociales para pasar al *tú*. Esto conlleva que un estudiante de lengua materna española puede equivocarse de registro y tutear a una persona a la que debería tratar de *usted*, o cambiar al *tú* sin seguir las reglas sociales. Estos errores pueden chocar mucho a una persona de lengua alemana, hasta el punto de que puede llegar a sentirse ofendida. Por lo tanto, es muy recomendable que en alemán, de primeras, se emplee siempre el *usted*. Más adelante es posible que el compañero de conversación ofrezca el *tú* o indique que en ese contexto no es necesario usar el *usted*.

2. ¿Se usan palabrotas en alemán?

Si se le pregunta a un alemán sobre el uso de palabrotas, dirá que no hay que usarlas. Y así es. La meta de una buena educación es que el niño aprenda a evitar, desde pequeño, las palabras groseras, vulgares y malsonantes. Por esta razón se puede encontrar mucha información sobre qué hacer, al educar a los hijos, para que no usen las palabrotas que puedan oír en su entorno aunque, en general, estas no deberían utilizarse. Lo que, obviamente, indica que en realidad sí se usan, aunque la gente procure evitarlas en la medida de lo posible. Solo en situaciones de mucho enfado, o para descargar la presión provocada por emociones fuertes, se puede oír soltar alguna palabrota a alguien y así es como pueden llegar a oídos de los niños pequeños.

Además, hay que decir que el uso de palabrotas está ligado al nivel social de una persona, a su edad y a su sexo. Las personas con un nivel social alto apenas las usan y su repertorio es limitado; en cambio, en niveles sociales más bajos, son más habituales y más amplio también el repertorio. Las palabrotas pueden emplearse, en ciertos casos, de forma amistosa en un grupo de amigos, como apodos y para expresar el fuerte vínculo que estas personas tienen entre sí. Por edades, las personas mayores no suelen emplearlas, frente a los jóvenes que las utilizan más a menudo. Y por sexos, las mujeres también las usan menos frecuentemente. En ocasiones la utilización de este tipo de términos responde a una tendencia, una moda dentro de un grupo concreto.

Pero no debemos olvidar que en alemán el uso de palabrotas, aunque puedan admitirse ocasionalmente como expresión de enfado, no está socialmente aceptado como algo normal. Y en ningún caso se debe emplear para dirigirse a otra persona. En este caso puede entenderse como un insulto y tener incluso consecuencias jurídicas. Referirse a una persona con una palabrota puede dar lugar a una denuncia por insulto —regulada en el Código Penal alemán en los apartados 185-189 sobre insultos y difamación— y llevar aparejada condenas que van desde multas de distinta cuantía a, en casos muy graves, la pena de cárcel. Llamar a alguien *Idiot* ('idiota'), por ejemplo, puede costar 1500 €.

De modo que es muy aconsejable abstenerse por completo de usar palabrotas en alemán recurriendo, para templar los ánimos, a expresiones más ligeras como estas:

Oh Mann!	¡Vaya, hombre!
Das gibt's doch nicht!	¡No es posible!
So was!	¡Qué cosas!
Also wirklich!	¿De verdad?
Muss das sein?	¿Es realmente necesario?

La única palabrota de uso común es *Scheiße* ('mierda'). No es precisamente recomendable en un lenguaje educado, pero es conocida por todo el mundo, incluso las personas que no usan palabrotas.

Cabe resaltar que el uso de palabrotas y tacos en alemán es mucho más limitado que en español.

3. ¿Cómo se dice: *sieben Uhr fünfzehn* o *Viertel nach sieben*?

Ambas formas son correctas, porque en alemán existen dos maneras de expresar la hora: una oficial, que se usa sobre todo para notificar la hora por la radio o en televisión y para informar de la hora de salida o llegada de un medio de transporte público, y una no oficial, que se emplea para informarse sobre la hora en contextos personales y cotidianos, por ejemplo, cuando alguien pregunta qué hora es.

La forma oficial de leer la hora es muy exacta y sencilla. Se usan las horas desde las 0:00 horas hasta las 23:59 pudiendo referirse de esta manera a cualquier momento del día con exactitud. La hora oficial se escribe según la norma DIN

(*Deutsches Institut für Normung*, Instituto Alemán para la Estandarización), con dos dígitos para las horas y dos para los minutos separados por dos puntos: 07:15. Si no se quiere utilizar la norma DIN y la hora consta de un único dígito, se puede omitir el cero de la izquierda (7:15). Además, para separar las horas de los minutos también se puede utilizar un punto en lugar de dos (7.15) o poner en voladita o superíndice los dígitos correspondientes a los minutos (7^{15}). Para leer esta forma de transcribir la hora se dice el número correspondiente a la hora, la palabra *Uhr* y después la cifra correspondiente a los minutos: *sieben Uhr fünfzehn*.

La expresión de la hora no oficial es un tanto más complicada. Para empezar, hay que decir que con esta forma de leer también se puede ser totalmente exacto, pero no se suele ser exacto salvo cuando la situación lo requiere, como, por ejemplo, cuando se está a punto de coger un medio de transporte público o se quiere ir a una actividad y llegar puntual. Si no, la hora se suele indicar de cinco en cinco minutos. Además, como en español, existen los términos *Viertel* ('cuarto') y *halb* ('media') y el día tiene dos veces doce horas, no una vez veinticuatro como en la hora oficial. Para expresar finalmente la hora, se usan las preposiciones *vor* ('antes') y *nach* ('después') y se indican los minutos que han pasado o faltan hasta el punto de referencia:

15:10	*Es ist 10 nach drei.*
15:15	*Es ist Viertel nach drei.*
15:45	*Es ist Viertel vor vier.*
15:55	*Es ist fünf vor vier.*

La complicación viene de que el punto de referencia para indicar la hora no siempre es la hora completa, al contrario de lo que sucede en español. En alemán el punto de referencia es la hora completa, los 20 minutos siguientes a la hora completa y los 20 minutos que faltan para llegar a la hora completa. A los 10 minutos antes y después de la media hora, esta se convierte en punto de referencia. Además, hay que destacar que la media hora se lee con referencia a la hora completa siguiente, no a la hora anterior como en español, por lo que las tres y media en alemán son *halb vier*, algo así como 'falta media hora para llegar a las cuatro'.

Por lo tanto, hay que leer las siguientes horas de esta manera:

15:20	*Es ist zwanzig nach drei. / Es ist 10 vor halb vier.*
15:25	*Es ist 5 vor halb vier.*
15:30	*Es ist halb vier.*
15:35	*Es ist 5 nach halb vier.*
15:40	*Es ist zwanzig vor vier. / Es ist 10 nach halb vier.*

El siguiente esquema representa la forma de expresar la hora no oficial:

Expresión de la hora no oficial

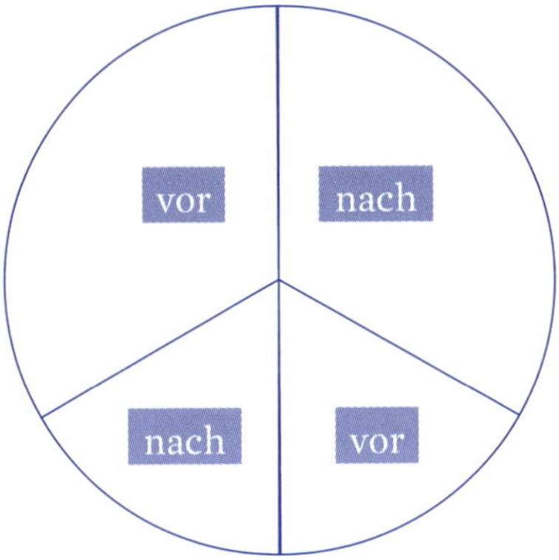

Para un hispanohablante esta forma de expresar la hora resulta muy complicada y necesita un tiempo para acostumbrarse.

4. ¿Cómo se empiezan y terminan las cartas en alemán, tanto las oficiales como las personales?

En alemán se diferencian claramente las cartas y correos electrónicos de carácter personal de la correspondencia de carácter oficial, es decir, la que se escribe en contextos laborales o se dirige a personas desconocidas en relación con alguna consulta o tema que se quiere plantear (por ejemplo, a un hotel, un seguro o una agencia de alquiler de coches). Dado que las cartas y los correos electrónicos son documentos formal y funcionalmente equivalentes aunque se escriban en soportes distintos, al comentar las fórmulas lingüísticas que veremos a continuación utilizaremos la palabra *carta* para referirnos tanto a la correspondencia en papel como a la electrónica.

Las cartas no personales se escriben según la normativa alemana DIN 5008, en la que se establece exactamente dónde y cómo poner la dirección del remitente, la del destinatario, el lugar y la fecha, el asunto, el número de referencia si procede, el saludo, el cuerpo del texto, la despedida, la firma y los documentos adjuntos. Esta normativa fue editada por primera vez en 1928 y reeditada posteriormente por el *Deutsches Institut für Normung* (DIN, Instituto Alemán para la Estandarización). Aunque en principio se centraba en las cartas escritas mecanográficamente, a partir de 1996 se amplió para recoger también las posibilidades de tratamiento textual que ofrecen los ordenadores. Las últimas adaptaciones se hicieron en 2011.

Las cartas no personales se caracterizan por un estilo muy elaborado y educado, empleando el tratamiento de *Sie* y sus formas relacionadas *Ihr, Ihnen, Ihre* —todas con mayúscula— y con muchos sustantivos. Las fórmulas de saludo para empezar una carta de esta categoría son:

Sehr geehrte Damen und Herren, cuando la carta se dirige a una entidad y no se sabe quién va a leer la carta.

Sehr geehrter Herr Schmidt, cuando se sabe que la persona encargada de leer la carta es un hombre (por ejemplo, el señor Schmidt).

Sehr geehrte Frau Müller, cuando se sabe que la persona que va a leer la carta es una mujer (por ejemplo, la señora Müller).

Detrás de la fórmula de saludo se suele terminar con una coma y aparte, por lo que la primera línea de una carta oficial empieza con una minúscula.

Para despedirse también se emplean formulas. La más usada es:

Mit freundlichen Grüßen

También se puede usar

Mit freundlichem Gruß

o enlazarlo con una frase anterior de esta manera:

Ich freue mich auf Ihre Antwort und verbleibe
mit freundlichen Grüßen

La despedida no se cierra con ningún signo y se firma a mano encima del nombre y apellido de la persona firmante, transcritos mecanográficamente. Dado que en un correo electrónico no se puede firmar a mano, en este caso basta con el nombre y, a continuación, se puede añadir información adicional como cargo en la empresa, dirección postal, número de teléfono y de fax, así como dirección de correo electrónico.

Las cartas personales reflejan la relación que hay entre el remitente y el destinatario de la carta. Las normas empleadas son las que dictan la educación y el respeto hacia el destinatario. Normalmente se utiliza el tratamiento de *du* y sus formas *dein, dir, dich,* aunque en ocasiones puede utilizarse el tratamiento de usted al escribir a un amigo. En este caso se seguirían las fórmulas de las cartas no oficiales con el tratamiento de usted y el apellido.

Para saludar se pueden emplear diferentes fórmulas:

Lieber Peter, para un hombre
Liebe Sandra, para una mujer
Hallo Peter/Sandra!
Hallo lieber Peter!
Hallo liebe Sandra!

Este saludo se suele cerrar con un signo de exclamación, por lo que en la siguiente línea se empieza con una mayúscula.

Para despedirse sirven las siguientes fórmulas:

> *Viele Grüße* – fórmula de despedida relativamente neutra.
> *Herzliche Grüße* – para una relación cordial y de respeto.
> *Liebe Grüße* – para una relación de cariño y respeto.

Las cartas no oficiales suelen ser manuscritas y, por tanto, van firmadas a mano, aunque hoy en día estas cartas suelen enviarse en forma de correos electrónicos sin firma autógrafa.

Para terminar, hay que mencionar que las nuevas formas de mensajería, como los SMS o *whatsapps*, se usan más en el contexto personal y, por tratarse de mensajes cortos, no se suelen emplear saludos ni despedidas formales, aunque eso depende sobre todo del emisor del mensaje. Algunos sí emplean saludos y despedidas y otros no, igual que en español.

Dudas sobre el léxico

5. ¿Cuál es la diferencia entre *Kirche* y *Kirsche,* entre *Gesicht* y *Geschichte,* entre *Schinken* y *schicken,* entre *Tasse* y *Tasche*?

Las palabras *Kirche* y *Kirsche, Gesicht* y *Geschichte, Schinken* y *schicken, Tasse* y *Tasche* no tienen nada en común desde el punto de vista léxico, pero formalmente son tan parecidas entre sí que cuesta diferenciarlas:

> *Kirche* ('iglesia') / *Kirsche* ('cereza')
> *Gesicht* ('cara, rostro') / *Geschichte* ('historia')
> *Schinken* ('jamón') / *schicken* ('enviar')
> *Tasse* ('taza') / *Tasche* ('bolsa')

Lo que sí tienen en común todas estas palabras es que su pronunciación supone una dificultad añadida para los hispanohablantes, concretamente a la hora de diferenciar entre <ch> – [ç], <sch> – [ʃ] y <s>, pronunciada esta como [z] sonora o [s] sorda. Son sonidos que, bien no existen en español, o cuya representación gráfica en la escritura no tiene la misma equivalencia fónica que en español. Así que, aunquc se conozca bien la diferencia de significado entre ellas, si se pronuncian de forma incorrecta o poco clara puede hacer que el interlocutor entienda algo que no se ha pretendido decir.

Por suerte, el significado de estas palabras es tan diferente que no suelen darse problemas de comprensión, aunque, eso sí, se generan frases un tanto curiosas:

**In meinem Dorf gibt es eine schöne Kirsche.* ('En mi pueblo hay una cereza muy bonita.')

**Heute Mittag gibt es Kirchen zum Nachtisch.* ('Hoy hay iglesias de postre.')

**Der Opa erzählt der Enkelin ein schönes Gesicht.* ('El abuelo cuenta a la nieta una bonita cara.')

**Er sah sie und wusste, dass er diese Geschichte schon kannte.* ('La vio y supo que ya conocía esta historia.')

**Du musst noch Schicken kaufen.* ('Tienes que comprar enviar todavía.')

**Wir müssen Mutter noch einen Brief schinken.* ('Tenemos que jamonear una carta a madre.')

**Vergiss die Tasse zum Einkaufen nicht!* ('¡No te olvides de la taza cuando salgas de compras!')

**Ich mag deine Kaffeetasche!* ('¡Me gusta tu bolsa de café!')

6. *Ich muss heute noch Deutsch studieren.* ¿Es correcto el uso de *studieren* en esta frase?

No, no lo es. Usar el verbo *studieren* como equivalente del verbo español *estudiar* es un error muy común debido al parecido formal entre ellos. El origen de ambos es el mismo, pero en cada idioma han adquirido un significado diferente. Por esta razón podemos hablar de falsos amigos.

En español se utiliza *estudiar* con el significado de 'aprender y memorizar contenidos en la escuela, el instituto y en la universidad'. El parecido formal entre *estudiar* y *studieren* hace que los estudiantes de alemán con lengua materna española transfieran este significado al vocablo alemán. En alemán, sin embargo, el significado de la palabra *studieren* es más específico e indica 'cursar una carrera universitaria'.

Por lo tanto, no es correcta la frase

**Ich habe am Wochenende Deutsch studiert.* ('He cursado la carrera de alemán el fin de semana.')

Para expresar el proceso de repasar y memorizar contenidos habría que usar la palabra *lernen*:

Ich habe am Wochenende Deutsch gelernt. ('He estudiado alemán el fin de semana.')

El verbo *studieren* se usa exclusivamente para referirse a la carrera universitaria que se está haciendo:

Ich studiere Biologie. ('Curso la carrera de biología.')
Max studiert Tourismus und BWL. ('Max cursa la carrera de Turismo y Administración de Empresas.')
Möchtest du Physik studieren? ('¿Quieres hacer la carrera de Física?')

En estos ejemplos se puede ver claramente que la palabra *studieren* está estrechamente vinculada al ámbito de la universidad. Una persona que cursa estudios en una institución que no sea la universidad —por ejemplo, un instituto u otro centro que ofrezca cursos de formación de distintos grados— no puede usar el verbo *studieren* para referirse a dichos estudios porque *studieren* solo se puede aplicar al ámbito universitario, implica que se estudia en una universidad. Una frase como esta sería incorrecta:

Ich muss noch Geschichte* ***studieren**, in zwei Wochen mache ich das Abitur in Geschichte.* ('Tengo que hacer la carrera de historia todavía, dentro de dos semanas tengo la EvAU de historia.')

Lo correcto sería:

Ich muss noch Geschichte ***lernen****, in zwei Wochen mache ich das Abitur.* ('Tengo que estudiar historia todavía, dentro de dos semanas tengo la EvAU.')

7. *Hol den Mantel und deck den Tisch.* ¿Es correcto el uso de *Mantel* en esta frase?

La palabra *Mantel* es otro falso amigo. Formalmente es idéntico a la palabra española *mantel,* que designa la tela utilizada para cubrir una mesa con el fin de decorarla o protegerla mientras se come en ella. Sin embargo, la palabra alemana

Mantel designa una prenda de ropa, el abrigo. En cuanto a la pronunciación, hay una pequeña diferencia de acentuación ya que la palabra española *mantel* es aguda (se acentúa en la última sílaba), mientras que la palabra alemana *Mantel* se acentúa en la penúltima sílaba. La palabra adecuada para 'mantel' en alemán es *Tischdecke*. Este término se refiere a la tela que cubre una mesa; literalmente significa 'cubremesa'.

Así que si volvemos a nuestro ejemplo de antes, la frase correcta sería:

> *Hol die Tischdecke und deck den Tisch!* ('¡Saca el mantel y pon la mesa!')

Lo bueno de este falso amigo es que al alumno hispanohablante le resulta muy fácil quedarse con la palabra *Mantel,* aunque debe recordar que el significado de la palabra alemana es 'abrigo', poco que ver con el significado castellano de *mantel.*

8. Un *Bonbon* está hecho de chocolate, ¿verdad?

Por desgracia, en la mayoría de los casos no es así. En alemán, un *Bonbon* es el equivalente a lo que en español se denomina *caramelo* y, por lo tanto, *a priori,* no está hecho de chocolate, sino de azúcar y glucosa. En el lenguaje específico del sector, un *Bonbon* se designa con el término *Karamelle,* pero en el lenguaje general se usa la palabra *Bonbon.* Lo que en español se llama *bombón* —es decir, una pieza de chocolate, rellena o no con cremas de diferentes sabores y producida por un chocolatero—, se designa en alemán con la palabra *Praline.*

De este modo, dos interlocutores pueden pensar que están hablando de lo mismo aunque en realidad se están refiriendo a cosas diferentes. Cuando un estudiante de alemán usa *Bonbon* puede estar pensando en un bombón español (es decir, de chocolate), lo que puede dar lugar a malentendidos con su interlocutor alemán. Incluso puede provocar situaciones incómodas en determinados contextos, en concreto en el intercambio de obsequios que se produce cuando se es invitado a casa de alguien.

En Alemania, Austria y Suiza los bombones son un regalo muy socorrido y popular para obsequiar a los anfitriones en este tipo de intercambios sociales. Por eso es importante saber que lo que se debe comprar para quedar bien son *Pralinen,* y no *Bonbons,* que no suelen estar demasiado bien vistos como regalo.

Los caramelos se usan más bien para aliviar los síntomas del dolor de garganta o calmar la tos; por supuesto, los niños suelen recibirlos con gusto, aunque a sus padres no les hace demasiada gracia este regalo por su alto contenido en azúcares, que los hace poco recomendables para una buena salud dental. Así que solo si se trata de unos caramelos muy especiales, o típicos de algún lugar, se deberían llevar como obsequio a una casa.

Los bombones (*Pralinen*), al contrario que los caramelos (*Bombons*), son un excelente regalo en caso de invitación.

9. *Also das finde ich auch!* La palabra *also* significa 'también', ¿no?

Pues no, *also* no significa 'también': es un falso amigo por asociación con el inglés. Efectivamente, en inglés existe el término *also,* cuyo significado es 'también', pero, aunque formalmente sea idéntica al vocablo alemán *also,* son dos palabras distintas.

En alemán *also* no tiene un significado exacto, depende de la situación, ya que *also* es una muletilla. Se usa para ganar tiempo mientras uno piensa lo que quiere decir:

> *Also, ich finde, das hast du gut gemacht.* ('Bueno, yo pienso que lo has hecho bien.')

También puede utilizarse para introducir una conclusión:

> *Also, dann fassen wir jetzt zusammen:...* ('Entonces, ahora resumimos:...')

o para retomar un hilo de pensamiento:

> *Also, wo waren wir? Ach ja, ich habe gerade von... gesprochen.* ('Entonces, ¿dónde estábamos? Ah, es verdad, estaba hablando de...')

Se usa también para reforzar expresiones emocionales:

> *Also gut, dann hattest du eben Recht!* ('Vale, bien, ¡entonces tú tenías razón!')

Finalmente, se utiliza en determinadas expresiones para expresar enfado o sorpresa sobre algo como:

> *Also weißt du!* ('¡Qué dices!')
> *Also wirklich!* ('¡De verdad!')
> *Also, muss das jetzt sein?* ('¿En serio era necesario esto?')

Sin embargo, las frases en las que se usa *also* para expresar 'también' son erroneas:

> **Am Vormittag fahre ich nach Madrid. Ich gehe im Retiro spazieren und **also** in den Prado.* ('Por la mañana me voy a Madrid. Voy a dar un paseo por el Retiro e iré pues al Prado.')

Lo correcto sería:

> *Am Vormittag fahre ich nach Madrid. Ich gehe im Retiro spazieren und **auch** in den Prado.* ('Por la mañana me voy a Madrid. Voy a dar un paseo por el Retiro e iré también al Prado.')

10. ¿En qué contextos se usan correctamente los verbos *gehen, fahren* y *fliegen*?

Estos tres verbos, *gehen, fahren* y *fliegen,* se traducen al español con el verbo *ir.* Por esta razón, para expresar en alemán la acción de 'ir' hay que escoger uno de estos tres verbos, según el contexto:

- El verbo ***gehen*** implica que se va andando, por eso muchas veces se combina con *zu Fuß* 'a pie':

  Ich gehe (zu Fuß) zum Schwimmbad. ('Me voy [a pie] a la piscina.')

- El verbo ***fahren*** implica que uno se mueve con un vehículo terrestre, como puede ser una bicicleta, una moto, un coche, autobús, etc. Por lo tanto, lo podemos encontrar a menudo acompañado de sustantivos que designan este tipo de vehículos:

  Er fährt mit dem Bus zur Schule. ('Él va en autobús al colegio.')
  Maria fährt nicht gern mit dem Auto. ('A María no le gusta ir en coche.')
  Morgen fahren wir nach Barcelona, und zwar mit dem Zug. ('Mañana nos vamos a Barcelona y cogemos el tren.')

- El verbo ***fliegen*** se refiere a la acción de volar, por lo que se usa con aviones o helicópteros y para trayectos que necesariamente hay que hacer volando:

  Morgen fliege ich nach New York. ('Mañana me voy a Nueva York.')
  Wann fliegst du nach Thailand? ('¿Cuándo te vas a Tailandia?')

La ventaja de estos verbos es que utilizando uno u otro ya se indica, sin decirlo expresamente, qué tipo de vehículo se usa, si es que se utiliza uno. Así, las tres frases que siguen pueden ser correctas, según el medio en que se realice el desplazamiento:

Ich gehe nach Santiago de Compostela.
Ich fahre nach Santiago de Compostela.
Ich fliege nach Santiago de Compostela.

La primera frase indica que voy a hacer el Camino de Santiago como peregrino. La segunda frase indica que iré en coche, autobús o tren, y la tercera que iré en avión. En ninguna de las tres se indica la forma de ir, pero a grandes rasgos el receptor del mensaje se puede hacer una idea de cuánto tiempo se va a tardar en llegar al destino.

Sin embargo, cuando la localidad de destino está relativamente cerca, pero no lo suficiente como para ir a pie (por ejemplo, de Madrid a Alcalá de Henares), el uso de *gehen* sería incorrecto porque es poco probable que una persona recorra esta distancia andando:

> **Ich gehe nach Alcalá de Henares.*
> *Ich fahre nach Alcalá de Henares.*

Este tipo de errores también son muy frecuentes en descripciones de caminos:

> **Nehmen Sie den Bus und gehen Sie bis zur Haltestelle Hauptbahnhof.*

Esta frase no es correcta porque con el término *Bus* ('autobús') no se puede usar el verbo *gehen*, ya que es un medio de transporte terrestre; hay que usar el verbo *fahren*:

> *Nehmen Sie den Bus und fahren Sie bis zur Haltestelle Hauptbahnhof.*

Como excepción podemos encontrar frases como esta:

> *Ab September gehe ich für ein halbes Jahr nach Berlin und studiere dort.*

El contexto indica que me desplazo a Berlín durante un tiempo prolongado, en este caso medio año, para vivir y estudiar allí. En esta situación es muy común usar el verbo *gehen* aunque lo más seguro es que se vaya en avión desde España. Pero aquí *gehen* no se refiere meramente a la acción de desplazarse, sino a pasar allí una temporada.

11. ¿Cómo se usan correctamente *wann, wenn* y *als*?

Estas tres palabras, *wann, wenn* y *als*, se pueden traducir al español por los términos *si, cuando* o *cuándo*. Pero, ¿cómo se usan correctamente en alemán?

La forma *wann* es una partícula interrogativa y equivale al *cuándo* español. Se usa, por tanto, en preguntas directas o indirectas:

> *Wann gibt es Frühstück?* ('¿Cuándo se puede desayunar?')
> *Können Sie mir sagen, wann der Bus nach Segovia fährt?* ('¿Me puede decir cuándo sale el autobús a Segovia?')

Las formas *wenn* y *als* son conjunciones. Para decidir entre una u otra hay que tener en cuenta si la acción ha sucedido en el pasado o si es algo que ocurre en el presente.

Si la acción tiene lugar en el presente, se trata de una frase condicional en la que se utiliza la conjunción *wenn:*

> *Wenn ich Fieber habe, lege ich mich ins Bett.* ('Si tengo fiebre, me voy a la cama.')
> *Wenn ich traurig bin, gehe ich in die Disco.* ('Si estoy triste, me voy a la discoteca.')

Cuando la acción sucede en el pasado, hay que valorar si se trata de una acción repetida —una costumbre o algo que sucede con mayor o menor frecuencia— o si, por el contrario, es algo que ocurrió una sola vez. Para referirse a las situaciones frecuentes se usa *wenn,* muy a menudo combinado con la palabra *immer*:

> *Wenn meine Großeltern zu Besuch kamen, brachten sie immer ein Mitbringsel mit.* ('Cuando venían mis abuelos de visita siempre traían un pequeño regalo.')
> *Wenn ich nach der Schule nach Hause kam, zog ich mir immer zuerst die Schuhe aus.* ('Cuando volvía del colegio a casa siempre me quitaba primero los zapatos.')

Sin embargo, para situaciones que ocurrieron una sola vez se usa *als*:

> *Als ich in München ankam, war gerade Oktoberfest.* ('Cuando llegué a Munich, justo se celebraba el Oktoberfest.')
> *Als sich mein Vater bei seinem Chef beschwerte, schickte dieser ihn nach Hause.* ('Cuando mi padre se quejó a su jefe, este le mandó a casa.')

Resumiendo: se puede decir que *wann* es una partícula interrogativa, *wenn* la conjunción para frases subordinadas condicionales en presente o pasado y *als* se usa para hablar de acontecimientos únicos en el pasado.

12. ¿Cuál es el uso correcto de los verbos *kennenlernen (kennen lernen)* y *kennen*?

Los verbos *kennenlernen* (o *kennen lernen,* pues se puede escribir junto o separado) y *kennen* presentan problemas para hispanohablantes porque en español ambos se traducen por el verbo *conocer*. Sin embargo en alemán se usan estos dos verbos diferentes para describir los dos pasos que se dan cuando alguien conoce a una persona nueva.

Cuando vemos o nos presentan a una persona por primera vez, conversamos con ella para conocer su nombre, procedencia, lugar de residencia, trabajo, situación familiar, aficiones y demás. El proceso de recabar y asimilar esta información se llama *kennenlernen* y puede durar desde pocos minutos hasta varios días, dependiendo de la relación que se tenga posteriormente con esa persona. Sintácticamente el verbo *kennenlernen* se usa como un verbo separable (⇨ 43), siendo el verbo *lernen* la parte que se conjuga y *kennen* la parte que funciona como un prefijo:

Mein Bruder lernt gerade seine Traumfrau kennen, schau mal! ('Mi hermano está conociendo a la mujer de sus sueños, ¡mira!')

Heute habe ich meinen Deutschlehrer kennengelernt (kennen gelernt). Er ist sehr nett. ('Hoy he conocido a mi profesor de alemán. Es muy majo.')

Hast du schon meinen Mann kennengelernt (kennen gelernt)? Er sitzt dort drüben. ('¿Ya has conocido a mi marido? Está sentado allí.')

Möchten Sie neue Leute kennenlernen (kennen lernen)? Dann kommen Sie zu unserem Tanzabend! ('¿Quiere conocer a gente nueva? ¡Entonces venga a nuestra tarde de baile!')

Una vez terminado este proceso se diría que ya conocemos a esta persona, nos es familiar y podríamos presentarla a otras personas. Entonces se usa el verbo *kennen*:

Wie lange kennen wir uns jetzt eigentlich schon? 5 Jahre? ('¿Desde cuándo nos conocemos? ¿Hace ya cinco años?')

So, wie ich meine Frau kenne, möchte sie noch nicht nach Hause gehen. ('Por lo que conozco a mi mujer, seguro que todavía no se quiere ir a casa.')

Wir kennen uns jetzt schon so lange, sollen wir uns nicht duzen? ('Hace ya tanto tiempo que nos conocemos, ¿qué tal si nos tuteamos?')

13. ¿Es correcto decir *ich habe kalt* para expresar 'tengo frío'?

Esta frase no es correcta. Se trata de una traducción literal de la construcción española 'tengo frío', pero en alemán no se usa el verbo *tener* sino el equivalente al verbo *ser*, que en alemán es *sein*.

La forma correcta de expresarlo en alemán sería:

Mir ist kalt.

(cuya traducción literal, 'a mí me es frío', carece completamente de sentido en español).

En alemán esta construcción no tiene sujeto, solo un pronombre personal en dativo y el adjetivo *kalt* ('frío'). Se trata de una frase impersonal. Se puede cambiar el orden de la frase moviendo el pronombre personal a la tercera posición dentro de la frase, detrás del verbo, con lo cual la primera posición se queda libre. En este caso habría que llenarla con el pronombre de la tercera persona singular, *es*:

Es ist mir kalt.

O se puede llenar con otro elemento como, por ejemplo, información temporal:

Jetzt ist mir kalt. ('Ahora tengo frío').

En este último caso no habría que usar el pronombre *es*, porque no es necesario para rellenar la primera posición de la frase. (Sobre los usos del pronombre *es*, ⇨ 48).

14. ¿Cómo se dice 'saber' en alemán?

En alemán, para expresar el significado de 'saber' se utilizan tres verbos diferentes: *kennen*, *können* o *wissen*.

Ya hemos visto el uso del verbo *kennen* con el significado 'conocer', en contraste con el verbo *kennenlernen* (⇨ 12). Pero *kennen* también puede significar 'saber', por ejemplo, en frases como esta:

> *Kennst du seine Telefonnummer?* ('¿Sabes/conoces su número de teléfono?')
> *Kennt ihr den Weg? Ich kenne ihn nicht!* ('¿Sabéis/conocéis el camino? ¡Yo no me lo sé!')

En este contexto, *kennen* expresa el conocimiento de algo con el significado de saberlo. En las dos frases anteriores se puede sustituir *kennen* por *wissen*:

> *Weißt du seine Telefonnummer?* ('¿Conoces su número de teléfono?')
> *Wisst ihr den Weg? Ich weiß ihn nicht!* ('¿Conocéis el camino? ¡Yo no me lo sé!')

Así que podemos deducir que 'saber' también se dice *wissen* en alemán cuando se refiere a 'tener conocimiento de algo':

> *Wissen Sie, wann der Zug nach Bilbao fährt?* ('¿Sabe usted cuándo sale el tren hacia Bilbao?')
> *Ich weiß nicht, was ich machen soll!* ('¡No sé qué debo hacer!')
> *Er weiß, dass er nichts weiß.* ('Sabe que no sabe nada.')

En español, sin embargo, el verbo *saber* también puede expresar que alguien tiene la habilidad de hacer algo no porque lo sepa, sino porque ha aprendido a hacerla. Este significado se expresa en alemán con el verbo *können*:

> *Kannst du kochen?* ('¿Sabes cocinar?')
> *Wir können gut singen.* ('Sabemos cantar bien.')
> *Du kannst sehr gut Deutsch sprechen!* ('¡Sabes hablar alemán muy bien!')

Este significado se acerca mucho al del verbo *poder* castellano; de hecho, 'poder' también se dice *können* en alemán:

> *Ich kann nicht singen, aber wenn du willst, kann ich jetzt etwas singen.* ('No sé cantar, pero si quieres puedo cantar algo ahora.')
> *Kannst du Rollschuh fahren? – Nein, aber ich kann es lernen.* ('—¿Sabes montar en patines? —No, pero puedo aprender.')

Resumiendo: *wissen* expresa el conocimiento de algo, *können* haber aprendido a hacer algo o poder hacerlo, y *kennen* el conocimiento de algo o alguien.

15. *Der Film dauert eine Stunde.* ¿Cómo se expresa en alemán la duración de algo?

Para expresar la duración de algo, el alemán utiliza tres palabras: *Stunde, Minute* y *Sekunde*. *Stunde* designa el espacio de tiempo que contiene 60 minutos, *Minute* el espacio de tiempo que contiene 60 segundos y *Sekunde* dura aproximadamente un latido del corazón de un adulto en reposo o, dicho más científicamente, contiene 1000 milisegundos.

Los términos *Minute* y *Sekunde* no presentan problemas para un hispanohablante, porque son muy parecidos al español al ser ambos de origen latino. Sin embargo, la palabra *Stunde* ('hora') sí lleva a confusiones, ya que se usa para expresar tanto la hora oficial como la no oficial (⇨ 3). En estos contextos, la equivalencia del término español *hora* no es *Stunde,* sino *Uhr*:

> *Es ist zwölf Uhr.* ('Son las doce horas.')
> *Um 15 Uhr beginnt das Spiel.* ('El partido empieza a las 15 horas.')

Beim nächsten Ton ist es 22 Uhr, 35 Minuten und 10 Sekunden. ('Cuando suene el próximo tono serán las 22 horas, 35 minutos y 10 segundos.')

De esta manera, los estudiantes de alemán han asociado la palabra *Uhr* con el significado 'hora', pero *Uhr* significa en realidad 'reloj' aunque, además, se use para dar la información horaria.

Por esta razón se pueden dar frases como las siguientes:

**Der Film dauert eine Uhr.* ('La película dura un reloj.')
**Zwei Uhren für ein Konzert finde ich nicht lang.* ('No me parece largo un concierto de dos relojes.')
**Gestern musste ich fünf Uhren auf das Flugzeug warten!* ('¡Ayer tuve que esperar al avión durante cinco relojes!')

Ninguna de estas tres frases es correcta. Como se ha explicado antes, en estos casos hay que utilizar el término *Stunde* en vez de *Uhr*:

Der Film dauert eine Stunde. ('La película dura una hora.')
Zwei Stunden für ein Konzert finde ich nicht lang. ('No me parece largo un concierto de dos horas.')
Gestern musste ich fünf Stunden auf das Flugzeug warten! ('¡Ayer tuve que esperar durante cinco horas el avión!')

16. ¿Son correctos estos usos?: *Ich besuche den römischen Tempel. / Ich besichtige den römischen Tempel.*

El uso de *besuchen* y *besichtigen* en ambas frases puede ser correcto, pero el significado es distinto.

Besuchen designa la acción de desplazarse para ver a una persona o acudir a un lugar y quedarse durante un tiempo. Esta acción se traduciría en español con el verbo *visitar* (o la locución *ir/venir a ver*). Podemos visitar a un amigo, a un familiar, y también visitar un museo u otro espacio de interés histórico, artístico o turístico.

Besichtigen, sin embargo, se refiere a visitar un lugar y hacerlo detalladamente. Este término se usa mucho en el sector turístico porque es lo que hacen los turistas cuando acuden a un monumento relevante con el fin de descubrir más sobre él mediante recorridos guiados, por ejemplo, u obteniendo información detallada a través de libros o audioguías. En español *besichtigen* también se traduciría por *visitar* pero, como puede verse, hay una diferencia de matiz importante.

Por lo tanto, para expresar que visitamos a personas solo podemos usar el término *besuchen*:

> *Am Wochenende besuche ich meine Eltern.* ('El fin de semana visito a mis padres.')
> *Gestern hat mich mein Bruder besucht.* ('Ayer me visitó mi hermano.')
> *Hast du Lust, mich am Montagabend zu besuchen?* ('¿Te apetece visitarme el lunes por la tarde?')

En un contexto turístico se pueden utilizar ambos verbos, pero con *besichtigen* se expresa que se ha visto el lugar con mayor detenimiento:

> *Wir haben die Kathedrale besucht und dort die schönen Statuen besichtigt.* ('Hemos visitado la catedral y allí nos hemos detenido en las bonitas estatuas.')
> *Am Vormittag besichtigen wir die Altstadt, und am Nachmittag besuchen wir das Museum.* ('Por la mañana visitamos ['con detalle'] el casco antiguo y por la tarde visitamos el museo.')
> *Nächste Woche besuche ich meine Schwester und besichtige ihre neue Wohnung.* ('La semana que viene visitaré a mi hermana y veré con detalle su nuevo piso.')

En este último ejemplo vemos que para indicar que acudo a visitar a mi hermana se emplea el término *besuchen*, porque se trata de una persona; en cambio, para expresar que veré su nuevo piso y que me enseñará todos sus detalles de distribución y decoración se emplea la palabra *besichtigen*.

El verbo *besichtigen* solo se puede utilizar en relación con una persona cuando se trata de alguien a quien todavía no se conoce y se va a ver por primera vez. Se emplea como una especie de broma:

> *Morgen besichtige ich Marias neues Baby, es ist erst eine Woche alt!* ('Mañana veré al nuevo bebé de María, ¡solo tiene una semana!')

Cualquier frase en la que el verbo *besichtigen* se refiera a una persona previamente conocida por el hablante sería incorrecta:

> **Letztes Jahr habe ich meine Tante in Amerika besichtigt.* ('El año pasado *visité con detalle a mi tía en América.')

En estos casos lo correcto es utilizar el verbo *besuchen*:

> *Letztes Jahr habe ich meine Tante in Amerika besucht.* ('El año pasado visité a mi tía en América.')

17. ¿Cómo se dice: *ich fahre mit dem Zug* o *ich fahre in dem Zug*?

La frase correcta es la primera:

> *Ich fahre mit dem Zug.*

En general, para indicar el medio de transporte utilizado para desplazarse se usa siempre la preposición *mit*:

> *Er fährt mit dem Auto zur Arbeit.* ('Él va en coche al trabajo.')
> *Sie fährt mit dem Zug nach Salamanca.* ('Ella va en tren a Salamanca.')
> *Wir fahren mit dem Bus von der Schule nach Hause.* ('Vamos del colegio a casa en el autobús.')
> *Morgen fliegen sie mit dem Hubschrauber.* ('Mañana irán en helicóptero.')

En español, sin embargo, se usa la preposición *en* para indicar el medio de transporte. Por esta razón se pueden generar errores de preposición equivocada como el siguiente:

> **Wir fahren in dem Auto zum Einkaufen.* ('Vamos en coche a comprar.')

Para convertir esta frase en correcta o habría que cambiar la preposición por *mit* o cambiar el verbo a *sein*. En este caso no nos referiríamos al hecho de ir en un medio de transporte, sino a estar en un medio de transporte.

> *Er ist im Auto.* ('Él está en el coche.')
> *Sie ist im Zug.* ('Ella está en el tren.')
> *Wir sind im Bus.* ('Estamos en el autobús.')
> *Morgen sind sie im Hubschrauber.* ('Mañana estarán en el helicóptero.')

Esto serían frases correctas pero no con el significado intencionado de ir en un medio de transporte.

18. ¿Es correcto decir: *Alle die Kinder gehen in die Schule*?

No. Se trata de una traducción literal, pero incorrecta, de la frase 'Todos los niños van al colegio'.

En español, para denotar la totalidad de los miembros de un conjunto se combinan dos formas: el adjetivo indefinido *todos/todas* con el artículo determinado *los/las* (*todos/as* + *los/as*). Pero en alemán esto no es así. En alemán, el significado de 'todos los' o 'todas las' se expresa a través de la forma *alle*. Por lo tanto, lo correcto sería:

> *Alle Kinder gehen in die Schule.*
> **Alle die Kinder gehen in die Schule.*

Alle es un pronombre indefinido que se declina igual que el artículo determinado en plural y es la forma de plural de los pronombres indefinidos *jeder/jede/jedes* ('cada uno/una'):

> ***Alle** Kinder gehen in die Schule.* ('Todos los niños van al colegio.')
> *Die Lehrer kennen **alle** Kinder.* ('Los profesores conocen a todos los niños.')
> *Die Lehrer geben **allen** Kindern Hausaufgaben auf.* ('Los profesores ponen deberes a todos los niños.')
> *Die Lehrer **aller** Kinder sind am Abend müde.* ('Los profesores de todos los niños están cansados por la tarde.')

En los ejemplos anteriores puede verse claramente que *alle* nunca se combina con el artículo determinado.

19. ¿En un *Bank* me puedo sentar o depositar mi dinero?

Al igual que sucede en español, *Bank* es un caso de homonimia. Eso quiere decir que una palabra tiene dos o más significados diferentes. La homonimia surge históricamente cuando dos o más palabras, que en principio eran claramente distintas, han experimentado transformaciones formales con el tiempo y ahora se pronuncian y/o se escriben igual, por lo que parecen la misma palabra. Este hecho se confirma muchas veces comparando las formas del plural de las palabras, que no serán iguales.

En el caso de *Bank* se ve perfectamente:

> *Bank,* pl. *Bänke:* asiento largo y estrecho en el que pueden sentarse varias personas.
> *Bank,* pl. *Banken:* institución en la que uno puede depositar su dinero.

También existen palabras polisémicas que, aunque en principio podrían considerarse casos de homonimia porque son palabras con dos o más significados, se diferencian de estas en que sus significados tienen algo en común debido a que el significado original se aplica a diferentes objetos por tener propiedades parecidas. Es el caso, por ejemplo, de la palabra *Birne:*

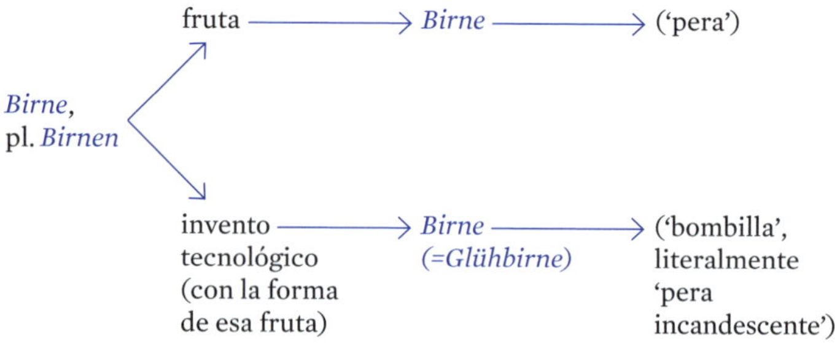

Este tipo de palabras, las homónimas y las polisémicas, existe prácticamente en todas las lenguas, no solo en alemán, y siempre suponen una dificultad para los estudiantes de idiomas porque tienen que identificar estas palabras, aprender sus distintos significados y evitar confundirlas entre sí. En alemán, además, existe la dificultad añadida de que hay que adjudicar el plural correcto a cada significado.

En los países de habla alemana existe un juego que se aprovecha de estos dobles significados, el llamado *Teekesselchen*. El nombre del juego se puede documentar desde el siglo XIX: *Teekessel* designaba tanto un recipiente para calentar agua para el té como también a una persona torpe. El segundo significado se debe a la influencia del yiddish, lengua en la que el término *Kessil* significa 'bufón'. Las personas que jugaban a este juego no estaban, al parecer, demasiado bien consideradas y se las tenía por torpes, por no aprovechar su tiempo de forma más productiva.

El juego, que puede jugarse individualmente o por equipos, consiste en que cada jugador elige una de estas palabras con dos significados para, a continuación, describirla por turnos ante su oponente hasta que es adivinada.

Son muchas las palabras de este tipo que puede encontrarse un estudiante de alemán. Veamos algunas:

Ball, pl. *Bälle:* pelota, balón / baile
Berliner, pl. *Berliner:* habitante de Berlín / bollo relleno de mermelada, parecido a un donut
Bienenstich, pl. *Bienenstiche:* picadura de una abeja / un tipo de pastel con almendras.
Eis, pl. *Eise:* helado / hielo
Feder, pl. *Federn:* pluma / muelle
Fliege, pl. *Fliegen:* mosca / pajarita
Flügel, pl. *Flügel:* ala (de un animal, de un avión o de un edificio) / piano de cola
Gericht, pl. *Gerichte:* guiso, plato / juzgado
Hahn, pl. *Hähne:* gallo / grifo de agua
der Leiter, pl. *Leiter:* jefe de un grupo || *die Leiter,* pl. *Leitern:* escalera

Melone, pl. *Melonen:* melón o sandía / sombrero hongo
Mutter, pl. *Mütter:* madre || *Mutter,* pl. *Muttern:* tuerca
Stock, pl. *Stöcke:* palo || *Stock(werk),* pl. *Stockwerke:* piso, planta de un edificio
Tafel, pl. *Tafeln:* pizarra / tableta (de chocolate)

Como curiosidad, podemos mencionar que el propio John F. Kennedy tuvo una metedura de pata presidencial y cayó en la trampa de una de estas palabras. Sucedió el 26 de junio de 1963, cuando pronunció en Berlín Occidental su célebre frase: «Ich bin ein Berliner». Tal y como lo dijo, se estaba describiendo a sí mismo como un bollo relleno de mermelada, en lugar de decir lo que realmente quería expresar: que se consideraba un berlinés más y se solidarizaba con todos ellos.

En este caso, habría sido mejor que dijera: *Ich bin Berliner*.

Dudas sobre las palabras compuestas

20. *Eichenholzbücherregalrückwandplatte.* ¿Por qué en alemán hay palabras tan largas?

El alemán es famoso por tener palabras muy largas, con muchas consonantes juntas. No se trata de una leyenda urbana: es la pura realidad. No cabe duda de que así, a primera vista, una palabra como *Eichenholzbücherregalrückwandplatte* asusta bastante, no solo por su posible pronunciación sino también por el significado que pueda tener. Pero, si analizamos una palabra como esta, vemos que realmente no hay que asustarse de nada; más bien al contrario, porque se trata de una palabra compuesta, formada por varias palabras simples que un estudiante de alemán aprende en sus primeros años de estudio.

Eichenholzbücherregalrückwandplatte consta de las siguientes palabras:

> *Eiche* ('roble') + *Holz* ('madera') = *Eichenholz* ('madera de roble'),
> *Bücher* ('libros') + *Regal* ('estantería') = *Bücherregal* ('estantería para libros'),
> *Rück(en)* ('espalda, parte posterior de un objeto') + *Wand* ('pared') = *Rückwand* ('parte trasera'),
> *Platte* ('tabla').

Y en seguida vemos la gran ventaja que estas palabras compuestas tienen para un estudiante de alemán, porque se puede entender fácilmente su significado en cuanto se comprenden las que la forman. En este caso se trata de una tabla en la parte trasera de una estantería para libros hecha de madera de roble, una composición de siete palabras básicas, o tres palabras compuestas de dos palabras y una suelta. Vemos con este ejemplo que la última palabra nombra lo que es —en este caso una tabla—, y las palabras anteriores lo describen o definen más exactamente. Veamos algunos ejemplos más simples:

Erdbeermarmelade: mermelada (*Marmelade*) de fresa (*Erdbeere*).
Kreditkarte: tarjeta (*Karte*) de crédito (*Kredit*).
Schreibtisch: mesa (*Tisch*) para escribir (*schreiben*), es decir, escritorio.
Orangensaft: zumo (*Saft*) de naranja (*Orange*).
Bleistift: utensilio para escribir (*Stift*) que usa plomo para escribir (*Blei*), es decir, lápiz (inicialmente la mina de los lápices se hacía con plomo).
Flugzeug: objeto (*Zeug*) para volar (*Flug – fliegen*).
Einkaufswagen: carro (*Wagen*) de compras (*einkaufen*).

Ya hemos mencionado la ventaja que tiene la composición de palabras a la hora de comprenderlas, tanto al oírlas como al leerlas. Pero es que, además, es un procedimiento muy versátil, ya que permite generar palabras «a la carta» cuando se precise. De hecho, existe algo que se llama composición de palabras *ad hoc*, es decir, para una necesidad concreta. Estas composiciones se dan diariamente en las comunicaciones en alemán y son términos que cualquiera puede inventarse en un momento dado para nombrar algo que carece de una designación específica. Estas composiciones coyunturales muchas veces solo son comprensibles en un contexto y una situación concretos. Así, si en un aula se forman grupos de alumnos para trabajar con diferentes tipos de textos —por ejemplo, una novela (*Roman*), un cuento corto (*Kurzgeschichte*) y una receta (*Rezept*) —, se podría hacer una composición *ad hoc* para nombrar a cada equipo en función del tipo de texto que trabaja. Tendríamos, por tanto, el «equipo novela» (*Romanteam*), el «equipo cuento corto» (*Kurzgeschichtenteam*) y el «equipo receta» (*Rezeptteam*). Todos los alumnos del aula saben de qué se está hablando, pero fuera de ese contexto tan específico es poco probable que nadie sepa a qué corresponde cada nombre.

Con el tiempo, si estas composiciones *ad hoc* son aceptadas por la comunidad de hablantes pueden pasar al lenguaje general y entrar en el diccionario, o, por el contrario, desaparecer tan rápidamente como han surgido cuando la comunidad de hablantes no las hace suyas ni las incorpora en sus comunicaciones.

Esta forma de componer se usa también para poner nombre a hechos u objetos nuevos, que antes no existían y necesitan ser designados. Estas composiciones son un reflejo de la realidad cotidiana y de los temas que preocupan a la sociedad en un momento histórico concreto:

> *Flüchtlingskrise:* crisis (*Krise*) de refugiados (*Flüchtling*).
> *Lügenpresse:* prensa (*Presse*) de mentiras (*Lüge*).
> *postfaktisch:* postverdad.

La composición de palabras también puede ser útil para una persona que está aprendiendo alemán, porque, aunque desconozca el término exacto para expresarse en un momento determinado, siempre puede componer una palabra *ad hoc* y es muy probable que consiga hacerse comprender por su interlocutor siempre que siga las reglas básicas de composión. Estas son, a grandes rasgos, que la última palabra es la que nombra el objeto y las anteriores lo definen más claramente. Veamos algunos ejemplos de estas composiciones que, por otra parte, son palabras que realmente existen en alemán:

> *Geschenkpapier:* papel (*Papier*) de regalo (*Geschenk*).
> *Sonnenblume:* flor (*Blume*) con forma de sol (*Sonne*), es decir, girasol.
> *Campingstuhl:* silla (*Stuhl*) para hacer camping.

El léxico básico del alemán es bastante reducido, precisamente por la facilidad y el carácter tan versátil de la composición de palabras, gracias a lo cual los términos más complejos se han compuesto a partir de aquel. De modo que, en realidad, las palabras largas no son una desventaja del alemán, sino una ventaja.

21. *Orangensaft*. ¿Con *der* o con *die*, masculino o femenino?

En alemán *Orangensaft* es masculino, *der Orangensaft*. Eso se debe a que una palabra compuesta siempre adopta el género de la última palabra, porque es la que designa al objeto. Así que, como *Saft* es una palabra masculina, *Orangensaft* es también masculina aunque *Orange* sea de género femenino. Es más, también la forma del plural viene determinada por el plural de la última palabra de la palabra compuesta. El plural de *Saft* es *Säfte*, por lo que el plural de *Orangensaft* es *Orangensäfte*.

Veamos algunos ejemplos:

> *Nudelsalat: e Nudel, -n* (femenino, añade *-n* en plural)*, r Salat, -e* (masculino, añade *-e* en plural) → *der Nudelsalat, Nudelsalate* ('ensalada de pasta').
> *Nachttisch: e Nacht, ¨-e* ('femenino, añade *-e* y Umlaut en plural'), *r Tisch, -e* ('masculino, añade *-e* en plural') → *der Nachttisch, Nachttische* ('mesilla de noche').
> *Kopfkissen: r Kopf, ¨-e* ('masculino, añade -e y Umlaut en plural'), *s Kissen, –* ('neutro, no cambia en plural') → *das Kopfkissen, Kopfkissen* ('almohada').

Este hecho es también una ventaja al estudiar el alemán, ya que. salvo pocas excepciones, hay que memorizar el género y la forma del plural de cada sustantivo (⇨ 28 y 29). Pero en el caso de las palabras compuestas este trabajo se reduce porque solo hay que saber el género y el plural de una palabra para saber el género y el plural de muchas, de todas las que termina en una palabra concreta, por ejemplo:

Schlafzimmer; Wohnzimmer; Kinderzimmer; Spielzimmer; Fernsehzimmer; Musikzimmer; Esszimmer; Ruhezimmer; Wartezimmer; Sprechzimmer; etc. (todas estas palabras son neutras, como *Zimmer,* y son iguales en plural: *das Zimmer, Zimmer*).

Postkarte; Visitenkarte; Eintrittskarte; Kreditkarte; Fahrkarte; Einladungskarte; Musterkarte; etc. (todas estas palabras son femeninas y añaden *-n* para formar el plural, igual que *die Karte, Karten*).

Orangensaft; Erdbeersaft; Apfelsaft; Kirschsaft; Himbeersaft; Pflaumensaft; Ananassaft; Pfirsichsaft; Kiwisaft; etc. (todas estas palabras son masculinas y añaden *-e* y *Umlaut* para formar el plural: *der Saft, Säfte*).

22. *Schweinebraten* o *Schweinsbraten* ¿Qué elementos de unión se usan en las palabras compuestas?

Cuando se unen dos o más palabras en una palabra compuesta, muy a menudo se pone entre ellas un elemento que funciona como un sonido de unión. Son los llamados *Fugenelemente* o *Fugenlaute*. Los más habituales son *-s-* y *-n-*, pero también existen los elementos *-e-, -es-, -en-, -er- o -ens-*:

Einkaufswagen: Einkauf-s-wagen
Orangensaft: Orange-n-saft
Hundehütte: Hund-e-hütte
Freundeskreis: Freund-es-kreis
Heldentat: Held-en-tat
Kindergeld: Kind-er-geld
Schmerzensgeld: Schmerz-ens-geld

En general, parece que los hablantes de lengua alemana intuyen lingüísticamente cómo y cuando deben usar estos elementos de unión, porque no se encuentran reglas claras que expliquen el uso de un elemento u otro y además hay muchos casos en los que existen varias posibilidades para usar o no un elemento de unión. Puede depender de factores regionales o de lo que se entienda como habitual. Hay palabras que se pueden usar con o sin este elemento de unión, por ejemplo *beitrag(s)zahlend*. A veces, utilizar o no dicho elemento provoca una diferencia de significado, como por ejemplo en *Landmann* ('granjero, agricultor') y *Landsmann* ('persona del mismo país'). De hecho, la primera palabra no tiene por qué utilizar siempre el mismo elemento de unión, como, por ejemplo, en *Mannesalter* frente a *Männerchor*.

Un caso de variante regional es el ejemplo que encabeza esta duda, *Schweinebraten* frente *Schweinsbraten*. *Schweinebraten* sería la palabra estándar para designar un asado de cerdo, mientras que *Schweinsbraten* es la palabra que se usa en el dialecto bávaro para lo mismo.

Finalmente, queremos destacar una pequeña regla para el uso del elemento de unión *-s-*, porque se usa siempre cuando la primera palabra termina con un sufijo como, por ejemplo, *-heit*, *-keit*, *-ion* y *-ung*:

> *Freiheitsdrang, Geschwindigkeitsbegrenzung, Informationsfluss, Zeitungsartikel*

En general, podemos decir que no se pueden formular reglas para el uso de los elementos de unión y que se trata, básicamente, de una habilidad de intuición lingüística.

23. *Dichterin*. ¿Cómo se forman sustantivos por medio de la derivación?

Además de por composición, en alemán se pueden formar también palabras nuevas mediante la derivación, es decir, añadiendo un prefijo o sufijo. Con este mecanismo se pueden crear palabras derivadas de categoría gramatical distinta al de la palabra de la que se ha partido. Por ejemplo, podemos convertir verbos o adjetivos en sustantivos con la ayuda de distintos sufijos. O podemos cambiar el significado de un sustantivo añadiendo un sufijo, aunque la palabra nueva siga siendo un sustantivo.

Veamos, a modo de ejemplo, algunos de estos sufijos: *-heit, -keit, -ung, -er, -ei, -chen/-lein, -schaft, -ling.*

-heit: Convierte adjetivos monosílabos en sustantivos. Los sustantivos generados son todos femeninos y forman el plural añadiendo *-en.*

mehr – Mehrheit ('más' – 'mayoría')
schön – Schönheit ('bello' – 'belleza')
wild – Wildheit ('feroz' – 'ferocidad')

-keit: Transforma adjetivos polisílabos en sustantivos femeninos con el plural en *-en*:

gebräuchlich – Gebräuchlichkeit ('usual' – 'empleo corriente')
freundlich – Freundlichkeit ('amable' – 'amabilidad')
sauber – Sauberkeit ('limpio' – 'limpieza')

-ung: Convierte verbos en sustantivos femeninos que forman su plural añadiendo *-en*:

beschreiben – Beschreibung ('describir' – 'descripción')
entstellen – Entstellung ('desfigurar' – 'desfiguración')
lesen – Lesung ('leer' – 'lectura')
sich unterhalten – Unterhaltung ('conversar' – 'conversación')

-er: Este sufijo convierte verbos en sustantivos que designan una profesión o a la persona que la desempeña. Todos estos sustantivos son masculinos e invariables en plural:

dichten – Dichter ('componer versos' – 'poeta')
lehren – Lehrer ('enseñar' – 'profesor')
lesen – Leser ('leer' – 'lector')
tragen – Träger ('llevar algo/a alguien' – 'portador')

Para crear la forma equivalente femenina de estos sustantivos derivados, simplemente se añade la terminación *-in* en singular e *-innen* en plural:

Dichterin / Dichterinnen
Lehrerin / Lehrerinnen
Leserin / Leserinnen
Trägerin / Trägerinnen

-ei: Este sufijo crea sustantivos femeninos a partir de otro sustantivo; expresa el lugar en el que lleva a cabo su actividad la persona designada por el sustantivo primitivo. Todos estos sustantivos forman su plural añadiendo *-en*:

> *Bäcker – Bäckerei* ('panadero' – 'panadería')
> *Fleischer – Fleischerei* ('carnicero' – 'carnicería'; según región)
> *Gärtner – Gärtnerei* ('jardinero' – 'jardinería')
> *Metzger – Metzgerei* ('carnicero' – 'carnicería'; según región)

-chen/-lein: Ambos son sufijos diminutivos. Forman palabras de género neutro e invariables en plural.

> *Haus – Häuschen/Häuslein* ('casa' – 'casita')
> *Brot – Brötchen/Brötlein* ('pan' – 'panecillo')
> *Tisch – Tischchen/Tischlein* ('mesa' – 'mesita')

Se pueden usar indistintamente, aunque *-chen* es más habitual en el alemán estándar y en la zona germanófona norte y *-lein* es más habitual en el sur. El sufijo *-chen* es la razón por la que la palabra *Mädchen* ('niña'), que designa a una persona de sexo femenino, sea gramaticalmente una palabra neutra, aunque hoy en día se usa normalmente con el pronombre personal *sie* ('ella') y no *es* ('ello'), como podemos encontrarlo, por ejemplo, en los cuentos de los hermanos Grimm. Lo mismo sucede con la palabra *Fräulein* ('señorita'), que gramaticalmente es una palabra neutra —por la terminación del diminutivo *-lein*— aunque se refiere a una persona de sexo femenino.

-schaft: Este sufijo crea sustantivos abstractos. Siempre son femeninos y forman el plural añadiendo *-en*.

> *Freund – Freundschaft* ('amigo' – 'amistad')
> *Land – Landschaft* ('país' – 'paisaje')
> *(all)gemein – Gemeinschaft* ('común' – 'comunidad')

-ling: El sufijo *-ling* permite generar sustantivos a partir de otros sustantivos, de adjetivos y de verbos. Crea sustantivos masculinos con el plural en *-e*.

Haft - Häftling ('encarcelamiento' - 'preso')
früh - Frühling ('temprano' - 'primavera')
flüchten - Flüchtling ('huir' - 'refugiado')

La ventaja de todos estos sufijos es que son muy útiles para determinar el género y el plural de una palabra, porque cada sufijo tiene asociado un género y una forma de plural determinados.

24. *Gebräuchlich.* ¿Cómo se forman adjetivos por medio de la derivación?

La derivación mediante sufijos no solo sirve para crear sustantivos. Este procedimiento de formación de palabras también permite generar adjetivos. Veamos algunos de los sufijos utilizados para ello: *-ig, -lich, -isch, -los, -voll.*

-ig: Este sufijo forma adjetivos a partir de sustantivos o verbos. El significado que aporta equivale a 'ser similar a la palabra primitiva' (*milchig*), 'poseer lo que designa la palabra primitiva' (*haarig*) o 'llevar a cabo la actividad designada por el verbo primitivo' (*bissig*):

Milch - milchig ('leche - 'lechoso')
Haar - haarig ('pelo - 'peludo')
helle Farbe - hellfarbig ('color claro' - 'de color claro')
beißen - bissig ('morder - 'mordedor')
zu einem Ziel streben - zielstrebig ('tratar de lograr una meta' - 'con determinación')

Las palabras terminadas en el sufijo *-ig* a su vez admiten sufijos y pueden derivarse, dando lugar, por ejemplo, a un sustantivo, como en el caso de *Bissigkeit.*

-lich: Este sufijo permite generar adjetivos a partir de sustantivos o de verbos:

Freund - freundlich ('amigo' - 'amable')
Person - persönlich ('persona' - 'personal')

befremden – befremdlich ('parecer extraño' – 'extraño')
sich wundern – wunderlich ('asombrarse' – 'raro, singular')

Las palabras creadas con *-lich* pueden a su vez derivarse, dando lugar a sustantivos, por ejemplo *Persönlichkeit*.

-isch: Este sufijo forma adjetivos a partir de sustantivos:

Kind – kindisch ('niño' – 'infantil')
Chemie – chemisch ('química' – 'químico')
Fantasie – fantastisch ('fantasía' – 'fantástico')
Klassik – klassisch ('clasicismo' – 'clásico')

-los: Este sufijo también permite formar adjetivos a partir de sustantivos. Es un sufijo muy productivo, es decir, muy utilizado en la actualidad para formar palabras nuevas. El significado que aporta es 'carecer de lo que designa el sustantivo de partida':

Bart – bartlos ('barba' – 'sin barba')
Freude – freudlos ('alegría' – 'sin alegría')
Kinder – kinderlos ('hijos' – 'sin hijos')
Arbeit – arbeitslos ('trabajo' – 'sin trabajo, en paro')
Traum – traumlos ('sueño' – 'sin soñar')

Las palabras con *-los* pueden sufrir a su vez derivaciones, por ejemplo, *Arbeitslosigkeit*.

-voll: Este sufijo permite crear adjetivos a partir de sustantivos, aportando el significado de 'lleno de lo que designa el sustantivo de partida':

Friede – friedvoll ('paz' – 'lleno de paz')
Macht – machtvoll ('poder' – 'lleno de poder, poderoso')
Ahnung – ahnungsvoll ('presentimiento' – 'lleno de presentimientos')
Geheimnis – geheimnisvoll ('secreto' – 'lleno de secretos')

Además de la posibilidad de crear adjetivos mediante derivación con sufijos existe la posibilidad de formar adjetivos a través de la conjugación verbal. Esto significa que se pueden usar las formas del participio II, o participio perfecto, y las del participio I, o participio presente, como adjetivos. El participio II, o participio perfecto, se utiliza para formar el tiempo del pasado *Perfekt* (⇨ 38 y 39) y la voz pasiva (⇨ 45 y 46). Veamos unos ejemplos:

Auf dem Tisch stehen gekochte Kartoffeln. ('En la mesa hay patatas hervidas.')
Die geputzten Karotten muss man in kleine Stücke schneiden. ('Hay que cortar las zanahorias limpias en trozos pequeños.')
Die gelernten Wörter muss ich nicht wiederholen. ('No tengo que repasar las palabras aprendidas.')

Este tipo de adjetivo expresa que la acción que se ha llevado a cabo para crear lo que designa el término ya ha pasado, es anterior a la acción que expresa el verbo.

Auf dem Tisch stehen gekochte Kartoffeln. → Primero se han hervido las patatas y ahora están sobre la mesa.
Die geputzten Karotten muss man in kleine Stücke schneiden. → Primero se han limpiado las zanahorias y ahora hay que cortarlas en trozos pequeños.
Die gelernten Wörter muss ich nicht wiederholen. → Primero he aprendido unas palabras y ahora no las tengo que repasar.

En cambio, los adjetivos formados por el participio I, o participio de presente, expresan que la acción expresada por el participio que actúa de adjetivo se está llevando a cabo al mismo tiempo que la acción del verbo de la oración. Para formar el participio I, o participio presente, simplemente hay que añadir *-d* al infinitivo de un verbo. Algunos ejemplos:

Auf dem Herd stehen kochende Kartoffeln. ('Las patatas que hierven están en el fuego.')
Die Karotten putzende Frau hört Radio. ('La mujer que está limpiando zanahorias está escuchando la radio.')
Auf der Straße läuft ein singendes Kind. ('En la calle hay un niño que canta.')

Resumiendo, podemos decir que se pueden formar adjetivos mediante diferentes sufijos de derivación y también a través de la flexión verbal.

25. *vertiefen.* ¿Cómo se forman verbos mediante derivación?

En alemán se pueden formar verbos derivados a partir de sustantivos o de adjetivos. Para ello se utilizan también unos sufijos determinados. El más conocido es *-en,* pues es la terminación de prácticamente todos los verbos alemanes. Aparte de este sufijo hay algunos más, como por ejemplo *-ern, -eln, -igen, -ieren, -isieren/-ifizieren.* En algunos casos estos sufijos se usan en combinación con prefijos.

Veamos algunos ejemplos:

-en:

tief – vertiefen ('profundo' – 'profundizar')
Gold – vergolden ('oro' – 'dorar')
Film – filmen ('película' – 'filmar')
faul – faulen ('podrido' – 'pudrirse')
Buch – buchen ('libro' – 'reservar algo', por ejemplo, un viaje)
Mail – mailen ('correo electrónico' – 'enviar un correo electrónico')
Snowboard – snowboarden ('snowboard – 'practicar *snowboard*')

En los ejemplos de *filmen, faulen, buchen, mailen* y *snowboarden* los verbos se han formado simplemente añadiendo el sufijo verbal *-en.* En cambio, en los ejemplos de *vertiefen* y *vergolden* se ha añadido además el prefijo *ver-*. En este caso el prefijo va unido al sufijo, porque los verbos **tiefen* y **golden* no existen sin prefijo. Además, en los ejemplos de *mailen* y *snowboarden,* podemos ver que para formar un verbo derivado de una palabra de nuevo cuño, generalmente un anglicismo relacionado con algún tipo de avance tecnológico, lo más sencillo y habitual es añadir el sufijo *-en* .

-ern:

Bild – bebildern ('imagen' – 'ilustrar algo')
mild – mildern ('suave' – 'suavizar')
Rauch – räuchern ('humo' –'ahumar')

Aquí también tenemos un ejemplo en el que el sufijo se usa en combinación con un prefijo, ya que el verbo **bildern* no existe. La derivación al verbo se hace tanto a partir de adjetivos como de sustantivos. (Sobre la conjugación de estos verbos ⇨ 42).

-eln:

Stück - stückeln ('trozo' - 'tronzar algo').
fromm - frömmeln ('piadoso' - 'ser beato')

Las derivaciones con *-eln* se pueden hacer tanto de sustantivos como de adjetivos. (Sobre la conjugación de estos verbos ⇨ 42).

-igen:

Pein - peinigen ('tormento' - 'torturar')
Angst - ängstigen ('miedo' - 'angustiar')
fest - festigen ('firme' - 'afianzar')

El sufijo *-igen* ya no es productivo en alemán. Los verbos se forman a partir de sustantivos y de adjetivos.

-ieren:

Amt - amtieren ('cargo' - 'ejercer')
Fotograf - fotografieren ('fotógrafo' - 'fotografiar')
Friseur - frisieren ('peluquero' - 'peinar')
halb - halbieren ('medio' - 'biseccionar')
Telefon - telefonieren ('teléfono' - 'hablar por teléfono')

Al contrario que el sufijo anterior, *-ieren* es muy productivo en alemán. Muy a menudo se combina con palabras primitivas de origen no alemán.

-isieren/-ifizieren:

Motor - motorisieren ('motor' - 'motorizar')
Dämon - dämonisieren ('demonio - 'demonizar')
elektrisch - elekrtifizieren ('eléctrico' - 'electrificar')
Qualität - qualifizieren ('cualidad' - 'cualificar')

Ambos sufijos, *-isieren* y *–ifizieren,* también se combinan mayoritariamente con palabras de procedencia extranjera.

En el caso de los verbos, aparte de formar nuevas palabras mediante sufijos también existe la posibilidad de alterar su significado añadiendo un prefijo. Antes hemos visto algún caso en el que el sufijo estaba combinado con el uso de un prefijo concreto. Pero ahora hablamos de casos en los que solo se añade un prefijo. En este caso la palabra nueva no experimenta un cambio a otra categoría gramatical, sino que se mantiene como verbo. En alemán hay muchos verbos con prefijo y, efectivamente, se trata de un caso de derivación, aunque en muchos casos el verbo primitivo en realidad no cambia de significado, sino que se le añade cierto matiz:

hören – zuhören ('oír' – 'escuchar')
sehen – ansehen ('ver' – 'mirar')

Generalmente se diferencia entre verbos con prefijo separable y verbos con prefijo inseparable (sobre el concepto y el uso de estos verbos ⇨ 43). Para la derivación, sin embargo, no tiene relevancia si un prefijo es separable o no, sino que en todos los casos con el prefijo se forma un nuevo verbo con un significado diferente:

machen ('hacer'): *aufmachen* ('abrir') – *zumachen* ('cerrar') – *durchmachen* ('trasnochar/atravesar algo')
kaufen ('comprar objetos concretos'): *verkaufen* ('vender') – *einkaufen* ('comprar en general')
lesen ('leer'): *vorlesen* ('leer en voz alta') – *nachlesen* ('consultar algo') – *überlesen* ('no fijarse en algo al leer un texto')

Resumiendo, podemos decir que se pueden formar verbos mediante diferentes sufijos y/o prefijos.

26. *sprechen – Spruch* y *lesen – Lesen*. ¿También se pueden formar nuevas palabras sin añadir un sufijo o prefijo?

Efectivamente, en alemán también se pueden formar palabras nuevas a partir de otras preexistentes sin añadir ningún tipo de afijo, es decir, sin sufijos o prefijos. Este procedimiento también se denomina derivación. Hay dos tipos de derivación sin afijos, la derivación implícita y la conversión.

La derivación implícita se refiere a los siguientes casos:

rufen – Ruf ('llamar' – 'llamada')
fallen – Fall ('caerse' – caída')
raten – Rat ('aconsejar' – 'consejo')
gehen – Gang ('andar' – 'marcha')
fließen – Fluß ('fluir' – 'río')
binden – Band / Bund ('atar' – 'cinta, lazo / unión')
sehen – Sicht ('ver' – 'vista')
sprechen – Spruch ('hablar' – 'dicho')

Se trata de un cambio de verbo a sustantivo, a veces a través de formas conjugadas de un verbo:

gehen – ging – gegangen → Gang
binden – band – gebunden → Band / Bund

En lugar de añadir un sufijo, se suprime la terminación *-en* y el verbo se escribe con mayúscula inicial, y con eso ya se ha efectuado el cambio a sustantivo.

Algunos filólogos incluyen este tipo de derivación en el grupo de la conversión, aunque en sentido estricto este término se refiere a casos como este:

lesen – Lesen ('leer' – 'lectura')
essen – Essen ('comer' – 'comida')
leben – Leben ('vivir' – 'vida')

En este caso los verbos se convierten en sustantivos simplemente por escribirlos con mayúscula inicial, la palabra en sí no cambia en absoluto. El género de las palabras resultantes es, generalmente, neutro.

27. *Nahrungsmittelunverträglichkeit*: ¿Para crear nuevos términos se pueden combinar entre sí los distintos procedimientos de formación de palabras?

Así es, es perfectamente posible. De hecho, lo frecuente es que en una palabra compuesta encontremos varios modos de composición y derivación. Veamos el ejemplo de *Nahrungsmittelunverträglichkeit*:

Esta palabra se puede dividir en tres formantes: *Nahrung, Mittel* y *Unverträglichkeit.*

Nahrung significa 'sustento' y está formado por el verbo *ernähren* ('alimentarse') y el sufijo *-ung,* que forma sustantivos.

Mittel significa 'medio' y en combinación con *Nahrung* forma el sustantivo que designa alimentos o productos alimenticios.

Unverträglichkeit, por su parte, incorpora varios sufijos y prefijos:

> *un-,* que convierte la palabra de la que procede en lo contrario,
> *-lich,* que transforma un verbo en un adjetivo.
> *-keit,* que convierte un adjetivo en un sustantivo.

La base de esta palabra es el verbo *vertragen* ('tolerar'), que a su vez podemos interpretar como un verbo con prefijo: *ver- + tragen* ('llevar').

En cuanto se conocen las partes de las que consta esta palabra queda claro su significado: 'intolerancia a los alimentos'. Y, como vemos, para formarla hemos recurrido a la composición de tres palabras (*Nahrung, Mittel, Unverträglichkeit*), hemos usado tres sufijos (*-ung, -lich, -keit*) y dos prefijos ('*un-, ver-*'). El género de esta palabra es femenino y forma su plural añadiendo *-en,* ya que es el género y el plural que genera el sufijo *-keit,* añadido a la última palabra de esta composición.

Dudas sobre gramática

SOBRE EL SUSTANTIVO

28. *Der Tisch, das Haus, die Katze.* ¿Cómo saber qué género corresponde a cada sustantivo?

Reconocer un sustantivo en alemán no es difícil, dado que se escribe con mayúscula y en un texto escrito se reconocen, por ello, de manera muy fácil. Sin embargo, un problema más común en el aprendizaje del alemán es saber qué género tiene el sustantivo. En español se distinguen dos géneros, masculino y femenino, no obstante, en alemán se distinguen tres géneros:

- Masculino: *der Tisch, der Mond, der Baum* ('la mesa', 'la luna', 'el árbol').
- Femenino: *die Maus, die Mutter, die Tasche* ('el ratón', 'la madre', 'el bolso').
- Neutro: *das Bett, das Kabel, das Fenster* ('la cama', 'el cable', 'la ventana').

Tal como señalan los ejemplos anteriores, el género español no coincide siempre con el del alemán, además de presentar un género más. Por ello, hay que aprenderse siempre el género de los sustantivos. Sin embargo, existen algunas regularidades que pueden ayudar en el aprendizaje del género. No obstante, en la mayoría de las categorías existen excepciones, por lo que se recomienda aprenderse siempre el género junto al sustantivo.

En alemán existen dos elementos que pueden ayudar a distinguir el género en los sustantivos: el sufijo, es decir la terminación de la palabra, y el significado léxico de la palabra.

Las tablas siguientes muestran el género de los sustantivos según el sufijo:

GÉNERO MASCULINO		
sufijo	**Ejemplos**	**Excepciones**
-er	*der Fehler, der Bäcker, der Spieler,* etc.	*das Fenster, die Leiter, das Zimmer, die Nummer,* etc.
-en	*der Wagen, der Rasen, der Ofen,* etc.	
-m	*der Dom, der Strom, der Film,* etc.	*das Atom, das Phantom,* etc.
-ig	*der Honig, der Essig, der König,* etc.	
-ich	*der Teppich, der Abstrich, der Pfirsich,* etc.	
-ling	*der Schmetterling, der Fühling, der Liebling,* etc.	*das Bowling, das Dribbling, das Peeling,* etc.
-ler	*der Sportler, der Schüler, der Händler, der Künstler,* etc.	
-ent	*der Dozent, der Produzent, der Patient,* etc.	*das Prozent, das Talent,* etc.
-ant	*der Diamant, der Elefant, der Lieferant,* etc.	*das Restaurant, das Croissant, das Deodorant,* etc.
-or	*der Motor, der Organisator, der Tutor,* etc.	*das Chlor, das Tor, das Labor,* etc.
-ismus	*der Realismus, der Kapitalismus, der Hinduismus,* etc.	

GÉNERO MASCULINO		
sufijo	**Ejemplos**	**Excepciones**
-ist	*der Pianist, der Optimist, der Polizist,* etc.	
-eur	*der Ingenieur, der Friseur, der Redakteur,* etc.	

GÉNERO FEMENINO		
sufijo	**Ejemplos**	**Excepciones**
-e	*die Lampe, die Sprache, die Reise, die Speise,* etc.	*der Junge, der Kollege, der Affe, der Schotte, der Löwe,* etc.
-in	*die Lehrerin, die Architektin, die Wissenschaftlerin,* etc.	*das Benzin, das Protein,* etc.
-ei	*die Datei, die Bäckerei, die Schweinerei,* etc.	
-keit	*die Sparsamkeit, die Müdigkeit, die Höflichkeit,* etc.	
-heit	*die Gesundheit, die Krankheit, die Freiheit,* etc.	
-schaft	*die Freundschaft, die Gesellschaft, die Grafschaft,* etc.	
-ung	*die Entschuldigung, die Unterhaltung, die Rechnung,* etc.	
-t (monosílabos)	*die Fahrt, die Tat, die Rast, die Nacht, die Schrift, die Flucht,* etc.	*der Rat, der Staat,* etc.
-ät	*die Spezialität, die Fakultät, die Universität,* etc.	
-ik	*die Fabrik, die Kritik, die Thematik, die Chronik,* etc.	*der Atlantik, der Pazifik, das Mosaik,* etc.

GÉNERO FEMENINO		
sufijo	**Ejemplos**	**Excepciones**
-ion	*die Position, die Station, die Portion,* etc.	*der Spion*
-ie	*die Demokratie, die Theorie, die Therapie,* etc.	*das Genie, das Selfie,* etc.
-ur	*die Kultur, die Literatur, die Karikatur, die Reparatur, die Natur,* etc.	*der Schwur*
-enz	*die Konferenz, die Existenz, die Präsenz,* etc.	

GÉNERO NEUTRO		
sufijo	**Ejemplos**	**Excepciones**
-chen	*das Mädchen, das Mäuschen, das Häuschen,* etc.	
-lein	*das Tischlein, das Höslein, das Bächlein,* etc.	
-ment	*das Instrument, das Dokument, das Testament,* etc.	
-nis	*das Ergebnis, das Geheimnis, das Gefängnis,* etc.	*die Erlaubnis, die Erkenntnis, die Kenntnis,* etc.
-tum	*das Griechentum, das Eigentum, das Brauchtum,* etc.	
-um	*das Datum, das Zentrum, das Museum,* etc.	

La tabla siguiente muestra el género de los sustantivos según su significado léxico:

Género	Significado léxico	Ejemplos
masculino	puntos cardinales	*der Norden, der Süden, der Westen, der Südosten,* etc.
	los días de la semana	*der Montag, der Dienstag, der Mittwoch,* etc.
	las estaciones del año	*der Winter, der Frühling, der Sommer, der Herbst*
	los meses	*der Januar, der Februar,* etc.
	tiempo atmosférico	*der Regen, der Hagel, der Schnee,* etc.
	las partes del día, excepto *die Nacht*	*der Vormittag, der Mittag, der Abend,* etc.
	las marcas de coches	*der Mercedes, der Porsche, der VW,* etc.
	la mayoría de las bebidas alcohólicas, excepto *das Bier*	*der Wein, der Schnaps, der Gin,* etc.
	personas masculinas	*der Mann, der Junge, der Bruder, der Arzt,* etc.
femenino	los nombres y los números cardinales	*die Eins, die Fünf, die Sieben, die Fünfundfünfzig,* etc.
	las marcas de motocicletas	*die Harley-Davidson, die Yamaha, die Honda,* etc.
	la mayoría de los nombres de árboles y flores	*die Tanne, die Eiche, die Rose, die Lilie, die Tulpe,* etc.
	personas femeninas, excepto *das Mädchen*	*die Frau, die Mutter, die Schwester, die Ärztin,* etc.

Género	Significado léxico	Ejemplos
neutro	los nombres de las letras	*das A, das B, das C,* etc.
	los nombres de los colores	*das Schwarz, das Blau, das Gelb,* etc.
	verbos y adjetivos sustantivados	*das Laufen, das Gehen, das Essen, das Gute, das Schlechte,* etc.
	La mayoría de los animales o niños, excepto *der Junge, der Welpen,* etc.	*das Kind, das Mädchen, das Kalb, das Fohlen, das Rehkitz,* etc.

Hay un reducido número de palabras que presentan dos géneros, si bien el significado léxico es idéntico para ambos. Se trata de variantes regionales de la misma palabra, tales como *der/das Joghurt* ('el yogur'), *der/das Keks* ('la galleta'), *der/das Gummi* ('la goma'), entre otros.

Sin embargo, existe un grupo de sustantivos donde el género distingue el significado de las palabras. Algunos ejemplos para este grupo son: *der/das/die Band* ('el tomo'/'la cinta'/'el grupo musical'), *der/das Bund* ('la unión'/'el fajo'), *der/das Erbe* ('el heredero'/'la herencia'), *der/das Gefallen* ('el favor'/'el gusto'), etc.

Dado que en la mayoría de las categorías se presentan excepciones, es recomendable aprenderse el género de los sustantivos de memoria.

29. *Die Zimmer, die Autos, die Bilder, die Strände.* ¿Cómo se forma el plural en alemán?

Al contrario que en el español, donde el plural se forma añadiendo las terminaciones *-s* o *-es,* el alemán presenta un cuadro con numerosas terminaciones de plural. Sin embargo, tiene una regularidad, y es que el género del plural se forma siempre con *die,* aunque no se refiere al *die* del femenino, sino al del plural:

Terminación plural	Ejemplos
-e	*der Tag – die Tage* *das Jahr – die Jahre*
-¨e	*die Kuh – die Kühe* *der Schrank – die Schränke*
-en	*der Student – die Studenten* *die Uhr – die Uhren*
-n	*die Stunde – die Stunden* *die Schule – die Schulen*
-nen	*die Lehrerin – die Lehrerinnen* *die Architektin – die Architektinnen*
=	*das Fenster – die Fenster* *der Lehrer – die Lehrer*
-¨	*der Apfel – die Äpfel* *die Mutter – die Mütter*
-er	*das Kind – die Kinder* *das Bild – die Bilder*
-¨er	*das Buch – die Bücher* *das Loch – die Löcher*
-s	*das Auto – die Autos* *das Foto – die Fotos*
-se (palabras terminadas en *-nis*)	*das Ergebnis – die Ergebnisse* *die Kenntnis – die Kenntnisse*

Además, existen extranjerismos con distintas terminaciones de singular que forman el plural con la terminación *-en*:

Terminación		Ejemplos
sing.	**pl.**	
-um	*-en*	*das Museum – die Museen* *das Zentrum – die Zentren*
-a	*-en*	*das Thema – die Themen* *die Firma – die Firmen*

Terminación		Ejemplos
sing.	pl.	
-s	*-nten*	*der Atlas – die Atlanten*
-is	*-en*	*die Praxis – die Praxen*
-us	*-een*	*der Kaktus – die Kakteen*

Tal como se muestra en los ejemplos anteriores, para un estudiante de alemán sería necesario estudiar siempre tanto el género como el plural de los sustantivos (⇨ 28). No obstante, existen algunas regularidades dentro del paradigma del plural.

Además, existen palabras que solamente se utilizan en singular, como, por ejemplo, *die Geduld, das Gold, der Schnee, der Regen, die Milch, das Geschirr, das Besteck, das Obst* y *das Publikum*. Por el contrario, existen palabras que solamente se utilizan en plural, entre otras las siguientes: *Die Alpen, die USA, die Eltern, die Geschwister, die Leute, die Ferien* y *die Finanzen*.

30. *Der Wagen des Mannes, mit dem Jungen, ohne das Auto.* ¿Cómo se distinguen los casos en alemán?

Dentro de una oración el sustantivo tiene una relación con las demás palabras. Esta relación se indica en alemán con los diferentes casos. En alemán existen cuatro casos: nominativo, acusativo, dativo y genitivo. En el sustantivo, la mayoría de las veces solo cambia el artítulo que le acompaña, aunque en el masculino, neutro y en plural también se presentan cambios en el propio sustantivo.

Las siguientes tablas muestran la declinación habitual del sustantivo que, en general, solamente se refleja en el artículo que lo acompaña. Sin embargo, tal como se aprecia en los ejemplos, el genitivo masculino y neutro presentan un cambio en el singular; el femenino, sin embargo, no experimenta modificación alguna. Al sustantivo se le añade una *-s* o *-es* como marcador del genitivo singular.

Caso	**Singular**		
	masculino	neutro	femenino
Nominativo	*der Vater*	*das Kind*	*die Mutter*
Acusativo	*den Vater*	*das Kind*	*die Mutter*
Dativo	*dem Vater*	*dem Kind*	*der Mutter*
Genitivo	*des Vater**s***	*des Kind**es***	*der Mutter*

Caso	**Plural**		
	masculino	neutro	femenino
Nominativo	*die Väter*	*die Kinder*	*die Mütter*
Acusativo	*die Väter*	*die Kinder*	*die Mütter*
Dativo	*den Väter**n***	*den Kinder**n***	*den Mütter**n***
Genitivo	*der Väter*	*der Kinder*	*der Mütter*

Generalmente, a los sustantivos que tienen más de una sílaba se les añade una -s (*des Vaters, des Fensters*, etc.). Sin embargo, se añade *-es* a la mayoría de los sustantivos monosílabos y a los terminados en *-s, -ss, -ß, -sch, -st, -tsch, -x, -z* y *tz,* como, por ejemplo, *des Hauses, des Schlosses, des Spaßes* y *des Schatzes.*

Además, cuando los sustantivos terminan en *-nis*, hay que doblar la *-s*: *des Ergebnisses, des Verständnisses*, etc. En el caso de nombres propios se añade una *-s* para todos los nombres, salvo los terminados en *-s* a los que solamente se les añade el apóstrofo: *Marias Haus, Matthias' Haus, Petras Buch, Thomas' Buch.*

Respecto a la declinación del dativo, en el caso del plural se añade al sustantivo de todos los géneros la terminación *-n*, salvo que el plural termine en *-n* o *-s* (*mit den Eltern, mit den Lehrerinnen, mit den Autos*).

Además de la declinación habitual, existe otra declinación del sustantivo para el género masculino: la *n-* declinación.

Caso	**Masculino**			
	singular	plural	singular	plural
Nominativo	*der Junge*	*die Junge***n**	*der Student*	*die Studente***n**
Acusativo	*den Junge***n**	*die Junge***n**	*den Studente***n**	*die Studente***n**
Dativo	*dem Junge***n**	*den Junge***n**	*dem Studente***n**	*den Studente***n**
Genitivo	*des Junge***n**	*der Junge***n**	*des Studente***n**	*der Studente***n**

En la tabla se puede observar que, salvo en el nominativo singular, el sustantivo que pertenece a la *n-* declinación recibe la terminación *-n* o *-en*. Los siguientes sustantivos pertenecen a esta categoría:

- Seres vivos masculinos que tienen la terminación *-e*: *der Junge, der Kunde, der Löwe, der Rabe*, etc.
- Gentilicios terminados en *-e*: *der Franzose, der Schotte, der Russe*, etc.
- Extranjerismos que presenten las terminaciones *-and, -ant, -ent, -ist, -at, -oge* y *-graf*: *der Doktorand, der Praktikant, der Präsident, der Polizist, der Soldat, der Pädagoge, der Fotograf*, etc.
- Otros sustantivos masculinos, como, por ejemplo: *der Bär, der Bauer, der Nachbar, der Mensch*.
- El sustantivo *Herr* añade una *-n* en acusativo, dativo y genitivo y *-en* en todas las formas del plural.

- En algunos casos se añade una *-s* en el caso del genitivo: *der Buchstabe – des Buchstabens, der Friede – des Friedens, der Gedanke – des Gedankens, der Glaube – des Glaubens, der Name – des Namens* y *der Wille – des Willens.*

Existe una excepción que no es masculina: *das Herz,* en nominativo y acusativo, pero *dem Herzen, des Herzens* y en plural en todos los casos *Herzen.*

31. *Ich liebe dich. Du gefällst mir. Petra gibt ihrem Mann ein Buch.* ¿Qué función tienen los casos?

En una oración existe una relación entre las distintas palabras que la integran. Para distinguir las funciones, el alemán utiliza los casos —nominativo, acusativo, dativo o genitivo— que se aplican, a través de las desinencias, a las siguientes clases de palabras:

- Artículos: *den Tisch*
- Sustantivos: *des Tisches*
- Adjetivos: *ein großer Tisch*
- Pronombres: *dich, dir, ihn, ihr*

Der Vater backt heute den Kuchen. ('El padre hace hoy el bizcocho.')
Heute backt der Vater den Kuchen. ('Hoy hace el padre el bizcocho.')

En los ejemplos anteriores se puede observar que el sujeto, que está en nominativo, puede preceder al verbo o puede colocarse detrás del verbo. El marcador es el artículo definido *der*; en el caso del acusativo masculino el marcador es *den.*

Er kauft ihn heute. ('Él lo compra hoy.')

En este caso, el pronombre personal *er* está en nominativo e *ihn* en acusativo. Dependiendo de la función del complemento se tiene que utilizar un caso u otro.

A continuación examinaremos las funciones de los cuatro casos del alemán: nominativo, acusativo, dativo y genitivo.

▪ La función del nominativo

El nominativo responde a las preguntas *Wer?* (para personas) o *Was?* (para objetos). Es el caso que representa al sujeto y al atributo:

> *Ich liebe dich.* ('Te amo.')
> *Thomas ist Tierarzt.* ('Thomas es veterinario.')
> *Aus Spanien kommt der neue Klient.* ('El nuevo cliente viene de España.')
> *Der neue Mitarbeiter wird ein großartiger Anwalt werden.* ('El nuevo compañero llegará a ser un gran abogado.')

En los ejemplos anteriores podemos observar que el sujeto siempre se representa en el caso del nominativo, aunque pueda estar colocado tanto en posición uno como en tercera posición dentro de la oración. Además, el nominativo también se emplea para los atributos. Los verbos más frecuentes que se utilizan como verbos atributivos son los verbos *sein, bleiben* y *werden*, tal como se puede observar en los ejemplos segundo y cuarto anteriores.

Asimismo, existen algunos verbos que carecen de sujeto. En este caso hay que sustituir el sujeto por el pronombre *es*:

> *Es gibt viele Geschäfte im Zentrum.* ('Hay muchas tiendas en el centro.')
> *Heute regnet es.* ('Hoy llueve.')
> *In den Bergen schneit es häufig.* ('En las montañas nieva a menudo.')

También se puede utilizar como aposición de otro nominativo o como invocación:

> *Das ist Monika, die Cousine meiner Mutter.* ('Esta es Monika, la prima de mi madre.')
> *Meine Damen und Herren,* ('Señoras y señores,')

▪ La función del acusativo

El acusativo es equivalente al complemento directo español y responde a la pregunta *Was*?

Ich kaufe einen Computer. ('Compro un ordenador.')
Den Tisch hat mein Vater schon gestern renoviert. ('La mesa ya la restauró mi padre ayer.')
Ich liebe dich. ('Te amo.')

La mayoría de los verbos que en español son transitivos también lo son en alemán. Sin embargo, hay algunas excepciones, como por ejemplo *helfen* ('ayudar'), *gratulieren* ('felicitar') y *zuhören* ('escuchar').

Además de la función de complemento directo, existen preposiciones que exigen el acusativo, como, por ejemplo, *ohne* o *für* (⇨ 55):

Heute gehe ich ohne ihn ins Kino. ('Hoy voy sin él al cine.')
Das Geschenk ist für den Patienten. ('El regalo es para el paciente.')

Existen preposiciones que pueden exigir dativo o acusativo. Sin embargo, respondiendo a la pregunta *Wohin?* hay que usar el acusativo (⇨ 57):

Ich stelle das Glas auf den Tisch. ('Pongo el vaso en la mesa.')
Ich lege mich ins Bett. ('Me meto en la cama.')

Asimismo, existen verbos que requieren una preposición y esta, a su vez, requiere el acusativo:

Ich denke oft an dich. ('Pienso en ti a menudo.')
Ich danke dir für das Geschenk. ('Te doy las gracias por el regalo.')

Además, puede ser empleado como complemento de otro complemento de acusativo o como aposición:

Sie hat dich eine nette Frau genannt. ('Te llamó una mujer amable.')
Siehst du Peter, unseren neuen Mitschüler? ('¿Ves a Peter, nuestro nuevo compañero de clase?')

También se emplea como sujeto en construcciones de infinitivo:

Ich sehe meinen Vater telefonieren. ('Veo a mi padre hablar por teléfono.')
Ich lasse meine Schwester die Fotokopien machen. ('Dejo a mi hermana hacer las fotocopias.')

Puede usarse igualmente como complemento circunstancial de medida, cantidad y también de tiempo:

Der Tisch ist einen Meter breit. ('La mesa mide un metro de ancho.')
Mein Sohn ist einen Monat alt. ('Mi hijo tiene un mes.')
Ich komme nächsten Mittwoch. ('Voy el miércoles que viene.')

Y en combinación con adjetivos:

Er ist den ganzen Tag schlecht gelaunt. ('Está todo el día malhumorado.')

▪ La función del dativo

El dativo se emplea en la función de complemento indirecto y responde a la pregunta *Wem?*

Ich schenke meiner Schwester ein Buch. ('Le regalo un libro a mi hermana.')
Ich gebe ihm das Geschenk. ('Le doy a él el regalo.')

También, se emplea el dativo cuando se usa una preposición que rige siempre dativo o cuando rige dativo o acusativo, sin embargo, respondiendo a la pregunta *Wo?* (⇨ 55 y 57):

Ich bin mit meinem Vater gekommen. ('Vine con mi padre.')
Das Hotel liegt zwischen der Bank und dem Restaurant. ('El Hotel está entre el banco y el restaurante.')

Además, se puede utilizar como aposición de un elemento en dativo.

Ich bin mit Peter, dem Partner meiner Schwestern, nach Berlin gefahren. ('Fui con Peter, la pareja de mi hermana, a Berlín.')

■ La función del genitivo

El genitivo se utiliza para indicar pertenencia y responde a la pregunta *Wessen?* Puede acompañar un verbo, un sustantivo o un adjetivo:

> *Er bedarf unserer Hilfe.* ('Él necesita nuestra ayuda.')
> *Es ist das Haus meiner Eltern.* ('Es la casa de mis padres.')
> *Sie sind des Mordes angeklagt.* ('Están acusados de asesinato.')

Además, se emplea con preposiciones que rigen un genitivo (⇨ 60):

> *Inmitten des Verhörs gestand sie alles.* ('En medio del interrogatorio confesó todo.')
> *Bezüglich des Textes müssen die Korrekturen noch vorgenommen werden.* ('En cuanto al texto, todavía hay que realizar las correcciones.')

Respecto al complemento circunstancial de tiempo, se utiliza como expresión fija en la combinación *eines* + palabras como *Tag* e incluso *Nacht*, que es femenino y en este caso se le añade erróneamente una *-s*.

> *Eines Tages werde ich Feuerwehrmann werden.* ('Algún día seré bombero.')
> *Eines Nachts kam Peter mich besuchen.* ('Una noche me visitó Peter.')

Asimismo, puede utilizarse —rara vez— como complemento predicativo del verbo, del nombre y pronombre:

> *Sie war gestern schlechter Laune.* ('Ayer estuvo de mal humor.')
> *Wir gingen guter Laune ins Restaurant.* ('Fuimos de buen humor al restaurante.')

Por último, se puede emplear como aposición de otro complemente de genitivo:

> *In dem Haus meines Chefs, eines sehr netten Mannes, haben wir viel geredet.* ('En la casa de mi jefe, un hombre muy amable, hablamos mucho.')

32. ¿Cuándo se declinan los adjetivos y cuándo no?

Los adjetivos pueden desempeñar distintas funciones dentro de una oración y, dependiendo de si el uso es atributivo o predicativo hay que declinar el adjetivo o no. Las funciones que un adjetivo puede desempeñar son las siguientes:

- **Complemento atributivo del sustantivo o nombre.** Como puede verse en los ejemplos siguientes, en el caso del uso atributivo el adjetivo tiene que preceder al sustantivo. En esta posición siempre hay que declinar el adjetivo. Aunque el adjetivo se adapte al sustantivo que acompaña en número, género y caso, no es el sustantivo el que rige la flexión del adjetivo sino el artículo, el determinante o *Nullartikel* que precede al adjetivo (⇨ 33):

  Ein kleiner Junge spielte mit dem roten Auto. ('Un niño pequeño jugaba con el coche rojo.')
  Der bärtige Peter hat Monika zum Essen eingeladen. ('El Peter barbudo invitó a Monika a comer.')

- **Uso del adjetivo en función de un sustantivo.** Dado que, como muestran los ejemplos, el adjetivo desempeña la función de un sustantivo, se pueden aplicar todas las funciones que este puede realizar. En este caso no toma la declinación del sustantivo, sino que se declina igual que en el caso de un adjetivo atributivo:

  Der Neue in der Klasse heißt Mario. ('El nuevo de la clase se llama Mario.')
  Die Kleine rannte schnell in die Arme ihrer Mutter. ('La pequeña corrió rápida a los brazos de su madre.')

- **Complemento predicativo del verbo.** Cuando el adjetivo ejerce la función de predicativo no se declina. Generalmente va acompañado de uno de los verbos copulativos: *sein, bleiben* o *werden*. En consecuencia, el adjetivo tiene alguna relación con el sujeto:

Das Haus ist blau. ('La casa es azul.')
Nach mehrerem Waschen bleibt die Bluse weiß. ('Después de numerosos lavados la blusa permanece blanca.')
Das junge Mädchen wird rot. ('La niña joven se enrojece.')

- **Uso del adjetivo en función de un adverbio.** Al igual que en el uso predicativo, cuando desempeña la función de un adverbio, es decir, puede modificar un verbo, un adjetivo o un adverbio, no presenta flexión.

Sie zeichnet gut. ('Ella dibuja bien.')
Er öffnet schnell das Fenster. ('Él abre rápido la ventana.')

En síntesis: un adjetivo se declina en el uso atributivo o cuando desempeña el papel de un sustantivo; sin embargo, no presenta flexión en los casos predicativos o cuando se usa como un adverbio.

33. ¿Cómo se dice: *roter Regenschirm, der rote Regenschirm o ein roter Regenschirm*?

Todas las formas son correctas. En el uso atributivo, el adjetivo se declina y precede a un sustantivo al que califica o especifica. Sin embargo, el adjetivo no se flexiona como el sustantivo (es decir, según su número y género), sino que depende de la ausencia, la presencia o el tipo del determinante que le acompaña. En alemán se distinguen tres tipos de declinación del adjetivo.

- Declinación fuerte: *Deutsches Bier schmeckt gut.* ('La cerveza alemana sabe bien.')
- Declinación débil: *Der neue Film hat mir gut gefallen.* ('La película nueva me ha gustado mucho.')
- Declinación mixta: *Ich habe mir ein neues Auto gekauft.* ('Me he comprado un coche nuevo.')

El primer ejemplo presenta la declinación fuerte, dado que el adjetivo no va acompañado de un determinante y el adjetivo necesita del marcador neutro (*-es*) para sustituir un determinante. En el segundo ejemplo la palabra anterior al adjetivo es un artículo definido y, por lo tanto, pertenece a la declinación débil. En el siguiente ejemplo, el determinante que precede al adjetivo es un artículo indefinido, en este caso se habla de la declinación mixta.

En las tablas siguientes se muestran las distintas declinaciones.

DECLINACIÓN FUERTE	Singular			Plural
	maskulin	***feminin***	***neutrum***	
Nominativ	*alter Stuhl*	*rote Lampe*	*großes Bett*	*kleine Tische*
Akkusativ	*alten Stuhl*	*rote Lampe*	*großes Bett*	*kleine Tische*
Dativ	*altem Stuhl*	*roter Lampe*	*großem Bett*	*kleinen Tischen*
Genetiv	*alten Stuhles*	*roter Lampe*	*großen Bettes*	*kleiner Tische*

La declinación fuerte se presenta en analogía a la declinación del artículo determinado (⇨ 30) y, por lo tanto, al adjetivo se añade la terminación que sirve como marcador, *der Stuhl* – *alter Stuhl*. Sin embargo, en el caso del neutro singular nominativo y acusativo, en lugar de la terminación *-as* del *das* cambia a *-es*. Respecto al genitivo, dado que el propio sustantivo presenta la terminación y con ello el marcador del caso, el adjetivo ya no precisa el marcador y por ello presenta la terminación *-en*.

La declinación fuerte se presenta además tras determinantes invariables: *etwas* ('algo'), *genug* ('suficiente'), *ein paar* ('unos cuantos'), *ein wenig/ ein bisschen* ('un poco') y *nichts* ('nada'). Se emplea dicha declinación detrás de algunos determinantes que se declinan; no obstante, en el caso que determinantes como, por ejemplo, *einig-/manch-* ('algunos'), *solch-* ('tan'), *welch-* ('que'), *viel* ('mucho') y *wenig* ('poco') vayan acompañados de otro determinante pueden aparecer sin declinación, como puede verse en los ejemplos. Asimismo, se usa la declinación fuerte en el caso de numerales mayores que 1 y detrás de numerales genéricos, en el caso de que no vayan precedidos de un determinante.

Ich hätte gern ein wenig spanischen Schinken. ('Quisiera un poco de jamón español.')
Welch schöner Ausblick! ('¡Qué vistas más bonitas!')
Meine Schwester hat mir zwei interessante Bücher geschenkt. ('Mi hermana me ha regalado dos libros interesantes.')

DECLINACIÓN DÉBIL	Singular			Plural
	maskulin	***feminin***	***neutrum***	
Nominativ	*der alte Stuhl*	*die rote Lampe*	*das große Bett*	*die kleinen Tische*
Akkusativ	*den alten Stuhl*	*die rote Lampe*	*das große Bett*	*die kleinen Tische*
Dativ	*dem alten Stuhl*	*der roten Lampe*	*dem großen Bett*	*den kleinen Tischen*
Genetiv	*des alten Stuhles*	*der roten Lampe*	*des großen Bettes*	*der kleinen Tische*

La declinación débil se denomina de esta manera porque el artículo determinante presenta el marcador del caso y, por lo tanto, ya no es necesario añadir este al adjetivo. Respecto a la declinación del singular, en los casos en que el artículo no presenta variación, la terminación del adjetivo es *-e*, en todos los demás, incluido el plural, la terminación es *-en*.

Además del artículo determinado, adoptan la declinación débil los siguientes determinados: los demostrativos *der- /die- / dasjenig-* ('aquel, aquella'), *der- /die- /dasselb-* ('el mismo, la misma'), *dies-* ('este'), *jen-* ('aquel'); los indefinidos *all-* ('todo'), *beid-* ('ambos'), *jed-* ('cada') y el interrogativo *welch-* ('qué').

Hast du dieses interessante Buch schon gelesen? ('¿Ya has leído este libro interesante?')

Welche neue Farbe möchtest du kaufen? ('¿Qué color nuevo quieres comprar?')

Jeder neue Mitschüler bekommt ein Begrüßungsgeschenk. ('Cada nuevo compañero de clase recibe un regalo de bienvenida.')

DECLINACIÓN MIXTA	**Singular**			**Plural**
	maskulin	***feminin***	***neutrum***	
Nominativ	*ein alter Stuhl*	*eine rote Lampe*	*ein großes Bett*	*meine kleinen Tische*
Akkusativ	*einen alten Stuhl*	*eine rote Lampe*	*ein großes Bett*	*meine kleinen Tische*
Dativ	*einem alten Stuhl*	*einer roten Lampe*	*einem großen Bett*	*meinen kleinen Tischen*
Genetiv	*eines alten Stuhles*	*einer roten Lampe*	*eines großen Bettes*	*meiner kleinen Tische*

La declinación mixta es, como indica su nombre, una mezcla entre la declinación fuerte y la débil. Cuando los determinantes que preceden al adjetivo dentro del grupo mixto (*ein, mein, kein*) no presentan desinencia —y, por lo tanto, no tienen marcador casual—, se adoptan las terminaciones de la declinación fuerte. No encontramos en el nominativo masculino singular ni en el nominativo y acusativo neutro singular ninguna desinencia, por lo que siguen la declinación fuerte. En todos los demás casos se declinan según la declinación débil. La diferencia entre los determinantes que preceden al adjetivo se encuentra en el caso del plural. Si con el artículo determinado *ein* no existe el plural, en todos los demás casos (*mein, kein*) se usa también en el plural para indicar el posesivo o la negación:

Ich brauche Stifte. ('Necesito rotuladores.')
Ich brauche meine roten Stifte. ('Necesito mis rotuladores rojos.')
Ich brauche keine roten Stifte. ('No necesito rotuladores rojos.')

El uso de los adjetivos es muy frecuente en alemán, al igual que en español. Se declinan según la palabra que le preceda para optar por una de las tres declinaciones: fuerte, débil o mixta.

34. *Ich bin größer als du. Ich bin genauso groß wie du.* ¿Cómo se construyen las comparaciones en alemán?

Existen dos posibilidades básicas para construir una comparación en alemán, según la relación de igualdad o desigualdad que exista entre los elementos que se comparan.

Para comparar dos elementos iguales o equivalentes se utiliza la forma *(genau)so* + adjetivo + *wie:*

Petra ist genauso alt wie Peter. ('Petra tiene la misma edad que Peter.')
Mario ist genauso groß wie Karl. ('Mario es tan alto como Karl.')
Meine Kamera ist genauso teuer wie deine. ('Mi cámara cuesta lo mismo que la tuya.')

También se puede utilizar en el caso de *doppelt/halb,* etc. ('el doble/la mitad') + *so* ('de') + adjetivo + *wie* ('que'):

Meine Kamera kostet doppelt so viel wie deine. ('Mi cámara cuesta el doble que la tuya.')
Petras Garten ist halb so groß wie Peters Garten. ('El jardín de Petra mide la mitad que él de Peter.')
Monikas Haus ist vier mal so groß wie unser Haus. ('La casa de Mónica es cuatro veces más grande que la nuestra.')

Asimismo, si se quiere expresar *lo más* + adjetivo + *posible* se utiliza la construcción *so* + adjetivo + *wie möglich*:

Ich komme so schnell wie möglich. ('Voy lo más rápido posible.')
Mario springt so hoch wie möglich. ('Mario salta lo más alto posible.')

Sin embargo, en el momento que se comparan dos elementos que no son iguales, se utiliza en la construcción el adjetivo comparativo + *als*:

Petra ist größer als Peter. ('Petra es más alto que Peter.')
Mario ist kleiner als Karl. ('Mario es más bajo que Karl.')
Meine Kamera war teurer als deine. ('Mi cámara ha sido más cara que la tuya.')

Además, se puede expresar una comparación utilizando el artículo indefinido y un comparativo. Como se puede apreciar en los ejemplos siguientes, esta construcción sirve para expresar una comparación con lo que generalmente se hace, se realiza u ocurre:

Gestern hatte ich eine längere Pause. ('Ayer tuve un descanso más largo de lo normal.')
Anna würde gerne eine längere Reise machen. ('A Anna le gustaría hacer un viaje más largo que generalmente.')

Existe también una construcción de superlativo para realizar una comparación que se podría traducir con *una/un de lo más/menos*:

Monika wohnt in einer der teuersten Gegenden Berlins. ('Monika vive en uno de los barrios más caros de Berlín.')
Ich habe heute in einer der billigsten Tankstellen getankt. ('Hoy he repostado gasolina en una de las gasolineras más baratas.')

Por último, en el caso de comparar dos procesos o dos declaraciones, se puede recurrir a la construcción con *je* + comparativo... *desto/umso* + comparativo:

Je größer die Kinder werden, desto leichter gestaltet sich der Tagesablauf. ('Cuanto más grandes son los niños, más fácil se vuelve la rutina diaria.')
Je schneller du gesund wirst, umso kräftiger wirst du. ('Cuanto más rápido te recuperes, más fuerte te harás.')

35. ¿En alemán se pueden utilizar verbos como adjetivos? *Die spielenden Kinder sind auf dem Fußballplatz. Das am meisten diskutierte Thema war der Aufbau des Büros.*

Sí, es posible usar los verbos en forma de participio como adjetivos, como también ocurre en español. Para esta función se pueden utilizar tanto el *Partizip I* como el *Partizip II*.

El *Partizip I* en función de adjetivo se forma con el infinitivo + *-d* + las terminaciones del adjetivo:

> *Die spielenden Kinder sind auf dem Fußballplatz.* ('Los niños que están jugando están en el campo de fútbol.')
> *Im Buch kam es zu einem überraschenden Ende.* ('El libro llegó a un final sorprendente.')

En el uso atributivo, precede al sustantivo y presenta las terminaciones de un adjetivo. No obstante, tal como ocurre con todos los adjetivos, en el uso predicativo no se declina el *Partizip I* (⇨ 32):

> *Der beißende Geruch aus dem Labor störte die Mitarbeiter.* ('El olor penetrante del laboratorio molestaba al personal.')
> *Die Antwort war entscheidend.* ('La respuesta fue crucial.')

El uso del *Partizip I* como adjetivo equivale a una relación de relativo y expresa una acción durativa.

Al igual que en el caso del *Partizip I*, el empleo del *Partizip II* como adjetivo cuando precede a un sustantivo —es decir, en función atributiva— se declina como un adjetivo y presenta la función de complemento atributivo del nombre:

> *Das geschlossene Fenster ließ keinen Regen durchdringen.* ('La ventana cerrada no permitía que la lluvia penetrara.')
> *Die geputzten Autos standen auf dem Parkplatz.* ('Los coches limpios estaban en el aparcamiento.')

No obstante, en combinación con el verbo *sein* forma la voz pasiva y no necesita declinación:

> *Petra ist immer gut angezogen.* ('Petra siempre está bien vestida.')
> *Der neue Mitarbeiter ist gut vorbereitet.* ('El nuevo empleado está bien preparado.')

Además, el *Partizip II* se puede emplear con otros verbos:

> *Er schaute erstaunt den Lehrer an.* ('Miró sorprendido al profesor.')

En cuanto a la gradación del *Partizip I* y del *Partizip II*, generalmente no se usa la construcción sintáctica del comparativo y del superlativo (⇨ 37), sino que se emplea *mehr* o *am meisten* precediendo al participio, salvo con formas lexicalizadas, como, por ejemplo, *aufregend* y *betrunken*:

> *Das am meisten diskutierte Thema war der Aufbau des Büros.* ('El tema más discutido fue la construcción de la oficina.')
> *Die Fahrt! Sie war das Aufregendste des ganzen Urlaubs.* ('¡El viaje! Fue lo más emocionante de todas las vacaciones.')
> *Auf der Geburtstagsfeier war Heinz betrunkener als Ralf.* ('En la fiesta de cumpleaños Heinz estaba más borracho que Ralf.')

36. *Das ist das Schönste, was mir je passiert ist.* ¿El adjetivo puede desempeñar la función de un sustantivo?

Sí, los adjetivos y los participios (*Partizip I* y *Partizip II*) —es decir, todas las categorías que pueden tener función de adjetivo— pueden sustantivarse, al igual que sucede en español:

> *Der Schnellste aus der Klasse ist Mario.* ('El más rápido de la clase es Mario.')
> *Der Reisende hat seinen Zug verpasst.* ('El viajero perdió su tren.')
> *Der Beamte gab mir die Unterlagen.* ('El funcionario me dio los documentos.')

Dado que se han convertido en sustantivos, se escriben con mayúscula.

Sin embargo, aunque se trate de un sustantivo, los adjetivos y los participios sustantivados se declinan según las reglas de un adjetivo y no según las del sustantivo (⇨ 33):

Die Zahl der Arbeitslosen ist gestiegen. ('El número de desempleados ha aumentado.')
Das Schlimmste ist, dass es nicht mehr rückgängig gemacht werden kann. ('Lo peor es que no se puede anular.')
Die Jugendlichen saßen auf der Bank. ('Los adolescentes estaban sentados en el banco.')
Die Verliebten umarmten sich. ('Los enamorados se abrazaron.')
Peter gab allen Anwesenden ein Geschenk. ('Peter les dio un regalo a todos los presentes.')

Como puede observarse en los ejemplos que siguen, se trata de sustantivos muy comunes y de uso frecuente en alemán:

- Sustantivos derivados de un adjetivo:

der Jugendliche, ein Jugendlicher ('el/un adolescente')
der Verwandte, ein Verwandter ('el/un pariente')
der Kranke, ein Kranker ('el/un enfermo')

- Sustantivos derivados del *Partizip I*:

der Anwesende, ein Anwesender ('el/un presente, persona presente')
der Reisende, ein Reisender ('el/un viajero')
der Auszubildende, ein Auszubildender ('el/un aprendiz')

- Sustantivos derivados del *Partizip II*:

der Beamte, ein Beamter ('el/un funcionario')
der Gefangene, ein Gefangener ('el/un prisionero')
der Verheiratete, ein Verheirateter ('el/un casado')
der Verliebte, ein Verliebter ('el/un enamorado')

Los adjetivos sustantivados que expresan conceptos abstractos se forman con el género neutro.

das Neue ('lo nuevo')
das Schlimme ('lo malo')
das Negative ('lo negativo')
das Positive ('lo positivo')

37. *Schön, schöner, am schönsten* ¿Cómo funciona la gradación de los adjetivos en alemán?

Para la gradación de los adjetivos existen tres formas: el positivo, el comparativo y el superlativo.

> *Das Haus ist schön.* ('La casa es bonita.')
> *Das Haus ist schöner als meins.* ('La casa es más bonita que la mía.')
> *Das rote Haus ist am schönsten.* ('La casa roja es la más bonita.')

También se puede utilizar de manera atributiva:

> *Das heiße Wetter im Sommer ist nicht normal.* ('El clima cálido en verano no es normal.')
> *Es gab schon heißeres Wetter im Juli.* ('Ya ha habido más calor en el mes de julio.')
> *Es ist der heißeste Sommer seit 10 Jahren.* ('Es el verano más caluroso en diez años.')

En los ejemplos anteriores, en el primer ejemplo de cada bloque el adjetivo está utilizado en su forma positiva, es decir, neutra.

El uso con gradativos adverbiales puede intensificar al adjetivo:

> *Das Bild ist zu klein.* ('El cuadro es demasiado pequeño.')
> *Das Bild ist ziemlich groß.* ('El cuadro es bastante grande.')
> *Das Bild ist außerordentlich schön.* ('El cuadro es extraordinariamente bonito.')

Además, se puede utilizar en construcciones comparativas en las que se comparan elementos similares y equivalentes. La construcción es *so* + adjetivo + *wie*.

> *Euer Sofa ist genauso groß wie unser Sofa.* ('Vuestro sofá es tan grande como nuestro sofá.')
> *Monika ist genauso alt wie Petra.* ('Monika tiene la misma edad que Petra.')

El comparativo se forma de manera sintética, es decir, se le añade la terminación *-er* y, en los casos en que el adjetivo termina en *-e*, solamente se le añade la letra *-r*:

Dieses Buch ist interessanter als das letzte Buch, das ich gelesen habe. ('Este libro es más interesante que el último libro que he leído.')
Heute bin ich müder als gestern. ('Hoy estoy más cansada que ayer.')

Tal como muestran los ejemplos anteriores, el comparativo se utiliza con la siguiente estructura: comparativo + *als*.

Respecto al superlativo, que representa la forma de mayor gradación, se puede emplear de distintas maneras:

Monika war am schnellsten. ('Monika fue la más rápida.')
Das ist der schönste Strand auf der Insel. ('Es la playa más bonita de la isla.')
In Deutsch ist Marion die Beste. ('En alemán Marion es la mejor').

Cuando desempeña la función adverbial, el superlativo se construye con *am* + adjetivo + terminación + *-sten*. En cambio, en función atributiva le precede el artículo determinado y la terminación es *-te*.

Los adjetivos pueden convertirse en sustantivos. En tal caso, no adoptan la declinación típica de un sustantivo, sino que se fraccionan igual que los adjetivos.

En cuanto a la formación de los grados del adjetivo, conviene tener en cuenta los siguientes aspectos:

- Algunos adjetivos monosilábicos forman el comparativo y el superlativo con diéresis (*Umlaut*) como, por ejemplo:

  arm – ärmer – am ärmsten ('pobre' – 'más pobre' – 'el/la más pobre')
  kalt – kälter – am kältesten ('frío' – 'más frío' – 'el/la más frío/a')
  stark – stärker – am stärksten ('fuerte' – 'más fuerte' – 'el/la más fuerte')

- Otros, además del comparativo con diéresis admiten también la forma sin diéresis. Entre otros:

  blass – blässer/blasser ('pálido' – 'más pálido')
  glatt – glätter/glatter ('liso' – 'más liso')
  rot – röter/roter ('rojo' – 'rojo más intenso')

- Los adjetivos terminados en *-el* y en diptongo + - *er* presentan una irregularidad y pierden la *-e* de su terminación:

  dunkel – dunkler ('oscuro' – 'más oscuro')
  edel – edler ('precioso' – 'más precioso')
  teuer – teurer ('caro' – 'más caro')
  sauer – saurer ('agrio' – 'más agrio')

Existen, por otra parte, comparativos y superlativos irregulares:

gut – besser – am besten ('bueno' – 'mejor' – 'el/la mejor')
hoch – höher – am höchsten ('alto' – 'más alto' – 'el/la más alto/a')
nah – näher – am nächsten ('cerca' – 'más cerca' – 'el/la más cercano/a')
viel – mehr – am meisten ('mucho' – 'más' – 'el máximo/a')

En el caso del superlativo, generalmente se forma con la terminación *-sten*, salvo en los casos en que los adjetivos terminan en *-d*, *-t*, *-s*, *-ss*, *-ß*, *-sch*, *-sk*, *-x* y *-z* y los adjetivos terminados en *-los* y *-haft*, que añaden la terminación *–esten*:

wild – am wildesten ('salvaje' – 'el/la más salvaje')
weit – am weitesten ('amplio' – 'el/la más amplio/a')
skandalös – am skandalösesten ('escandaloso' – 'el/la más escandaloso/a')
nass – am nassesten ('mojado' – 'el/la más mojado')
süß – am süßesten ('dulce' – 'el/la más dulce')
hübsch – am hübschesten ('guapo/a' – 'el/la más guapo/a')
grotesk – am groteskesten ('grotesco' – 'el/la más grotesco/a')
fix – am fixesten ('fijo' – 'el/la más fijo')
spitz – am spitzesten ('puntiagudo' – 'el/la más puntiagudo/a')
lautlos – am lautlosesten ('silencioso' – 'el/la más silencioso/a')
fabelhaft – am fabelhaftesten ('fabuloso' – 'el/la más fabuloso/a')

Sin embargo, existen excepciones a la regla anterior, como el adjetivo *groß*, adjetivos terminados en *-isch*, adjetivos derivados del *Partizip I* y adjetivos derivados *del Partizip II* de verbos débiles (⇨ 35):

groß – am größten ('grande' – 'el/la más grande')
neidisch – am neidischsten ('envidioso' – 'el/la más envidioso/a')

bedeutend – am bedeutendsten ('importante' – 'el/la más importante')
verzweifelt – am verzweifeltsten ('desesperado' – 'el/la más desesperado/a')

SOBRE EL VERBO

38. *Ich bin, du bist, ich komme, er kommt, du liest, er liest.* ¿Cómo se conjugan los verbos?

Los verbos se pueden conjugar según la persona y el número. Además, presentan desinencias que señalan quién realiza la acción mientras que la raíz contiene el significado léxico. Igual que en español, se diferencian dos grupos de verbos: verbos regulares y verbos irregulares.

En el caso de los verbos regulares no se altera la raíz, el *Präteritum* (⇨ 40) se forma con *-te* y el *Partizip II* (⇨ 39) recibe la terminación *-t*. Véase el siguiente ejemplo:

lachen

Persona	*Präsens*	*Präteritum*	*Perfekt*
ich	*lache*	*lachte*	*habe gelacht*
du	*lachst*	*lachtest*	*hast gelacht*
er/sie/es	*lacht*	*lachte*	*hat gelacht*
wir	*lachen*	*lachten*	*haben gelacht*
ihr	*lacht*	*lachtet*	*habt gelacht*
sie/Sie	*lachen*	*lachten*	*haben gelacht*

En cambio, los verbos irregulares pueden cambiar la raíz, tanto en el *Präteritum* como en el *Perfekt*. La mayoría de los verbos no presentan terminación en *Präteritum,* y en el *Perfekt* el *Partizip II* termina en *-en*.

sprechen

Persona	***Präsens***	***Präteritum***	***Perfekt***
ich	*spreche*	*sprach*	*habe gesprochen*
du	*sprichst*	*sprachst*	*hast gesprochen*
er/sie/es	*spricht*	*sprach*	*hat gesprochen*
wir	*sprechen*	*sprachen*	*haben gesprochen*
ihr	*sprecht*	*spracht*	*habt gesprochen*
sie/Sie	*sprechen*	*sprachen*	*haben gesprochen*

Tal como se puede observar en los ejemplos, en alemán existen ciertas terminaciones para indicar la persona. Sin embargo, en algunos casos se repiten, véase la tercera persona singular y la segunda plural; por lo tanto, es imprescindible nombrar siempre el sujeto, salvo en la segunda persona del imperativo del singular y del plural. *Räum dein Zimmer auf!/ Macht die Hausaufgaben!* (¡Recoge tu habitación! / ¡Haced los deberes!)

En los verbos regulares pueden presentarse pequeñas alteraciones debidas a la mejor pronunciación del verbo:

Persona	***-d/-t (+e)***	***-ln (-e)***	***-s /-ß (-s)***
	arbeiten	*sammeln*	*heißen*
ich	*arbeite*	*sammle*	*heiße*
du	*arbeitest*	*sammelst*	*heißt*
er/sie/es	*arbeitet*	*sammelt*	*heißt*
wir	*arbeiten*	*sammeln*	*heißen*
ihr	*arbeitet*	*sammelt*	*heißt*
sie/Sie	*arbeiten*	*sammeln*	*heißen*

Además, la mayoría de los verbos irregulares presentan irregularidad solamente en la segunda y tercera persona singular:

Persona	***a-ä***	***au-äu***	***e-i***	***e-ie***	***o-ö***
	fahren	*laufen*	*sprechen*	*lesen*	*stoßen*
ich	*fahre*	*laufe*	*spreche*	*lese*	*stoße*
du	*fährst*	*läufst*	*sprichst*	*liest*	*stößt*
er/sie/es	*fährt*	*läuft*	*spricht*	*liest*	*stößt*
wir	*fahren*	*laufen*	*sprechen*	*lesen*	*stoßen*
ihr	*fahrt*	*lauft*	*sprecht*	*lest*	*stoßt*
sie/Sie	*fahren*	*laufen*	*sprechen*	*lesen*	*stoßen*

Existen verbos que presentan alguna irregularidad especial. Además, hay dos verbos que en la mayoría de los idiomas indoeuropeos son irregulares: *haben* y *sein*.

Irregulares especiales y verbos totalmente irregulares

	nehmen	*wissen*	*haben*	*sein*
ich	*nehme*	*weiß*	*habe*	*bin*
du	*nimmst*	*weißt*	*hast*	*bist*
er/sie/es	*nimmt*	*weiß*	*hat*	*ist*
wir	*nehmen*	*wissen*	*haben*	*sind*
ihr	*nehmt*	*wisst*	*habt*	*seid*
sie/Sie	*nehmen*	*wissen*	*haben*	*sind*

Asimismo, los verbos modales también presentan alguna irregularidad en las formas del singular. Nótese que la primera persona singular y la tercera persona singular siempre son idénticas:

Modal Verben

	können	*wollen*	*sollen*	*dürfen*	*mögen*	*müssen*
ich	*kann*	*will*	*soll*	*darf*	*mag*	*muss*
du	*kannst*	*willst*	*sollst*	*darfst*	*magst*	*musst*
er/sie/es	*kann*	*will*	*soll*	*darf*	*mag*	*muss*
wir	*können*	*wollen*	*sollen*	*dürfen*	*mögen*	*müssen*
ihr	*könnt*	*wollt*	*sollt*	*dürft*	*mögt*	*müsst*
sie/Sie	*können*	*wollen*	*sollen*	*dürfen*	*mögen*	*müssen*

39. ¿Cómo distinguir los participios de los verbos *gefallen* y *fallen*? *Gestern bin ich auf den Boden gefallen. Das Konzert hat mir sehr gut gefallen.*

Esta diferencia se marca especialmente en el pasado (*Perfekt*), tal como podemos ver en los siguientes ejemplos.

Gestern bin ich auf den Boden gefallen. ('Ayer me caí al suelo.')
Die Aktien sind an der Börse gefallen. ('Las acciones bajaron en bolsa.')
Das Konzert hat mir sehr gut gefallen. ('Me gustó mucho el concierto.')

El *Perfekt* requiere un verbo auxiliar (*haben* o *sein*) y el *Partizip II*, que va al final dentro de una oración principal. Este tiempo verbal se utiliza para referirse a sucesos del pasado, especialmente en la lengua hablada.

En el caso de los verbos *fallen* y *gefallen* ('caer / descender' y 'gustar') apreciamos que el *Partizip II* de ambos verbos es una palabra polisémica. Según el verbo que se quiera utilizar, hay que usar una u otra forma. Sin embargo, tal como se aprecia en la traducción, se trata de dos verbos distintos con un significado léxico muy diferente. Y según qué quiera decir el hablante se referirá a un significado o a otro.

En el caso del *Partizip II* del verbo *fallen,* se trata de un verbo intransitivo que expresa un desplazamiento y, en consecuencia, el verbo auxiliar que rige el verbo *fallen* es *sein.*

> *Das Bild ist von der Wand gefallen.* ('El cuadro se cayó de la pared. / El cuadro se ha caído de la pared.')
> *Die Vase ist vom Tisch gefallen.* ('El jarrón se cayó de la mesa. / El jarrón se ha caído de la mesa.')

Los siguientes verbos forman el *Perfekt* con el auxiliar *sein*:

- Los verbos intransitivos que expresan cambio de estado.
- Los verbos intransitivos que expresan cambio de lugar o desplazamiento.
- Los verbos *bleiben, gelingen, geschehen, passieren, sein, vorkommen* y *werden.*

Respecto al verbo *gefallen* ('gustar'), al igual que la mayoría de los verbos en alemán, forma el *Perfekt* con el auxiliar *haben,* dado que no expresa cambio de estado, ni de lugar o desplazamiento. Se trata de un verbo intransitivo que requiere un objeto en *Dativ* y, por lo tanto, la estructura sintáctica es comparable a su homólogo español. Además, es un verbo no separable, dado que tiene un prefijo no separable (*ge-*).

> *Mir hat der Film sehr gut gefallen.* ('A mí me gustó mucho la película.')
> *Das Buch hat mir nicht so gut gefallen.* ('El libro no me ha gustado tanto.')

40. ¿Cómo es el *Präteritum* del verbo *erschrecken*? ¿*Erschreckte*? ¿*Erschrak*?

Ambas formas son el *Präteritum* del verbo *erschrecken* ('asustarse de algo, asustar a alguien'). Por lo tanto, *erschrecken* puede tener dos significados y formas diferentes y depende del hablante a cuál se quiere referir y, por ello, debe utilizar una u otra forma.

Ich erschreckte das Tier ausversehen. ('Sin querer asusté al animal.')
Sie erschrak durch den Lärm. ('Ella se asustó con el ruido.')

En la forma hablada se encuentra el uso reflexivo (*sich erschrecken*) y se considera un uso coloquial; por lo tanto, no pertenece ni a la *Hochsprache* (lengua culta) ni al alemán estándar. No obstante, su uso es muy frecuente en la lengua hablada y se presenta con ambas formas, tanto con la conjugación regular como con la irregular:

Ich habe mich eschreckt. ('Me asusté.')
Ich habe mich erschrocken. ('Me asusté.')

Cuando nos referimos al verbo transitivo y significa 'asustar a alguien', el verbo se conjuga de manera regular y, por lo tanto, la forma correcta es *erschreckte*:

Das Licht erschreckte das Reh. ('La luz asustó al ciervo.')
Meine Schwester erschreckte mich. ('Mi hermana me asustó.')

El *Präteritum* de este verbo se forma de manera regular, es decir, que se toma la raíz del verbo y se le añade la terminación *-te* y la terminación propia que indica la persona:

Präsens Indikativ	***Präteritum***
ich erschrecke	*ich erschreckte*
du erschreckst	*du erschrecktest*
er/ sie/ es erschreckt	*er/ sie/ es erschreckte*
wir erschrecken	*wir erschreckten*
ihr erschreckt	*ihr erschrecktet*
sie/ Sie erschrecken	*sie/ Sie erschreckten*

Tal como se presenta en la tabla anterior, se puede observar que la primera persona del singular del *Präteritum* coincide plenamente con la tercera persona del singular y lo mismo sucede con la primera y tercera persona del plural, sin embargo, este fenómeno también ocurre en el *Präsens*.

En cambio, en el caso de los verbos irregulares no se sigue el mismo patrón y hay que acudir a la tercera persona del singular del *Präteritum*.

Das Kind erschrak sehr. ('El niño se asustó mucho.')
Die Frau erschrak so sehr, dass sie in Ohnmacht fiel. ('La mujer se asustó tanto que se desmayó.')

A partir de la tercera persona singular (*erschrak*) se conjuga el verbo añadiendo las desinencias que indican la persona, tal como se puede observar en la siguiente tabla:

Präsens Indikativ	***Präteritum***
ich erschrecke	*ich erschrak*
du erschrickst	*du erschrakst*
er/ sie/ es erschrickt	*er/ sie/ es erschrak*
wir erschrecken	*wir erschraken*
ihr erschreckt	*ihr erschrakt*
sie/ Sie erschrecken	*sie/ Sie erschraken*

Por lo tanto, las formas irregulares del *Präteritum* se pueden desarrollar a partir de la tercera persona singular del *Präteritum* y deben ser memorizadas para ello.

Otros ejemplos con el mismo fenómeno son: *backen (backte/ buk), bewegen (bewegte/ bewog), hängen (hängte/hing), hauen (haute/hieb), melken (melkte/molk), pflegen (pflegte/ pflog), schaffen (schaffte/schuf)* y *stecken (steckte/stak).*

41. ¿Cómo se traduce «estoy comiendo»? ¿Existe el presente continuo en alemán? ¿Cómo se puede expresar?

En alemán no existe el presente continuo; sin embargo, hay otras formas para expresar duración o una acción simultánea.

Cuando se quiere expresar situaciones actuales, se usa el *Präsens*, tal como muestran los siguientes ejemplos:

Ich lerne Deutsch. ('Estoy aprendiendo alemán.')
Ich arbeite im Supermarkt. ('Estoy trabajando en un supermercado.')

Sin embargo, si se quiere expresar una acción que transcurre en ese preciso instante, hay que recurrir al adverbio *gerade*:

Ich schreibe gerade eine E-Mail. ('Estoy escribiendo un correo electrónico.')
Ich sehe gerade die Nachrichten. ('Estoy viendo las noticias.')

También se puede usar *dabei* para expresar qué sucede en ese mismo instante o para describir una acción no concluida. En este caso se debe usar una oración subordinada.

Wir waren (gerade) dabei, das Haus zu verlassen. ('Estábamos saliendo de casa.')
Wir sind dabei, das Auto zu waschen. ('Estamos lavando el coche.')

En cambio, si se quiere expresar que una acción continúe o siga, se usa el adverbio o el prefijo *weiter*. En el caso del prefijo, pertenece al grupo de verbos separables y se usa como estos.

Ich mache die Hausaufgaben weiter. ('Sigo haciendo mis deberes.')
Obwohl es bewölkt war, blieben wir weiter am Strand. ('Aunque estaba nublado, seguíamos en la playa.')
Ich lese das Buch morgen weiter. ('Mañana sigo leyendo el libro.')

El uso del *Partizip I* también es frecuente para describir la acción de un sustantivo o un pronombre al que acompaña como complemento predicativo. En este caso el *Partizip I* sustituye a una oración relativa que se puede traducir al español con el gerundio cuando describe una acción simultánea.

Sie stieg lachend aus dem Auto. ('Ella salió riéndose del coche.')
Wir kamen singend nach Hause. ('Llegamos cantando a casa.')

Para situaciones o acciones en las que el gerundio exprese significado causal, condicional, concesivo, instrumental o temporal se pueden usar las siguientes subordinadas:

- **Causal**

  Da wir nicht rechtzeitig angekommen sind, haben wir den Zug verpasst. ('No habiendo llegado a tiempo, perdimos el tren.')

- **Condicional**

  Wenn wir so lange warten, brauchen wir erst gar nicht loszugehen. ('Teniendo que esperar tanto, ya no vale la pena salir.')

- **Concesiva**

  Obwohl sie wussten, dass sie das Spiel verloren hatten, gaben sie alles bis zum Endpfiff. ('Aun sabiendo que habían perdido el partido, lo dieron todo hasta el pitido final.')

- **Instrumental**

  Sie können die Waschmaschine anstellen, indem sie auf den roten Knopf drücken. ('Puede iniciar la lavadora presionando el botón rojo.')

- **Temporal**

  Petra hat sich das Bein verletzt, als sie die Treppe runter ging. ('Petra se lastimó la pierna bajando las escaleras.')

Además, para expresar significado temporal, en alemán se puede emplear *beim* + infinitivo sustantivado:

Sie hat sich beim (Basketball)-Spielen die Hand verletzt. ('Se lastimó la mano jugando al baloncesto').

A pesar de que en alemán no existe el gerundio como en español, dispone de fórmulas variadas para desempeñar esta función, tal como señalan los ejemplos anteriores.

42. *lächeln/feiern* ¿Existen verbos cuyo infinitivo no termina en *-en*?

Sí, aunque la gran mayoría de los verbos forman el infinitivo con la raíz + *-en*, existen algunos verbos que terminan en *-eln* y en *-ern*. Estos verbos son regulares.

Los verbos terminados en *-eln* y *-ern* presentan la desinencia *-n* en la primera y tercera persona plural del *Präsens* y coinciden, por lo tanto, con el infinitivo. Asimismo, en los verbos terminados en *-eln* en la primera persona del singular se omite la *-e* de la raíz.

Persona	***lächeln*** ('sonreír')	***feiern*** ('celebrar')
ich	*lächle*	*feiere*
du	*lächelst*	*feierst*
er/sie/es	*lächelt*	*feiert*
wir	*lächeln*	*feiern*
ihr	*lächelt*	*feiert*
sie/Sie	*lächeln*	*feiern*

Además, existen verbos cuya terminación del infinitivo es simplemente *-n* como, por ejemplo, *tun* y *sein*. El primero es un verbo regular, sin embargo, el verbo *sein* es completamente irregular. (Para la conjugación de *sein*, ⇨ 38).

43. *Ich kaufe um 18 Uhr ein. Ich verkaufe mein Haus.* ¿Cuándo se separa un verbo con prefijo y cuándo no?

Existen verbos en alemán que añaden un prefijo al verbo. Con ello se modifica el significado léxico del verbo original. En algunos casos se separa el prefijo del verbo al conjugarlo y en otros no:

Ich passe auf die Kinder auf. ('Cuido de los niños.')
Morgen besuche ich Peter. ('Mañana visito a Peter.')

Como se puede observar en los ejemplos anteriores, en el caso de los verbos separables el verbo conjugado se coloca en la posición adecuada del verbo y el prefijo se coloca al final. En cambio, en el caso de los verbos no separables, el verbo se conjuga con el prefijo no separable (⇨ 68).

Dentro del uso de un verbo separable, en los casos en que no se conjuga, como, por ejemplo, en el infinitivo, el verbo no se separa y permanece unido:

Heute muss ich früh aufstehen. ('Hoy tengo que levantarme temprano.')
Kannst du mich vom Bahnhof abholen? ('¿Me puedes recoger de la estación?')

No obstante, en la formación del *Partizip II* el marcador del *Perfekt*, *ge-*, se coloca entre prefijo y verbo:

Gestern bin ich sehr spät aufgestanden. ('Ayer me levanté muy tarde.')
Letzte Woche habe ich Monika vom Flughafen abgeholt. ('La semana pasada recogí a Mónica en el aeropuerto.')

En las construcciones con *zu* ocurre lo mismo y el *zu* se coloca entre el prefijo y el verbo:

Ich habe versucht, früh aufzustehen. ('Intenté levantarme temprano.')
Ich habe angeboten, auf die Kinder aufzupassen. ('Ofrecí cuidar de los niños.')

En el caso de los verbos no separables, el *Partizip II* no presenta marcador y se forma con la raíz + la terminación *-t* en los casos regulares. No obstante, en los casos irregulares se añade la terminación *-en* (⇨ 39):

Letztes Jahr habe ich mein Haus verkauft. ('El año pasado vendí mi casa.')

Die Kinder haben ihre Großeltern besucht. ('Los niños visitaron a sus abuelos.')
Ich habe mich entschieden, ein Haus zu kaufen. ('Me he decidido a comprar una casa.')
Mir hat der Film sehr gut gefallen. ('Me gustó mucho la película.')

Para saber si un verbo es separable o no separable hay que conocer la pronunciación del verbo y dónde recae la sílaba tónica. En el caso de los verbos separables se acentúa el prefijo y, por lo tanto, se separan en la forma conjugada. En cambio, en los verbos no separables recae sobre el verbo, salvo en el prefijo *miss-* que a veces puede ser acentuado, sin embargo, nunca se separa: *'miss-ver-steh-en* ('entender mal') y *miss-'ach-ten* ('despreciar').

En alemán existen prefijos que se separan, prefijos que nunca se separan y otros que pueden separarse o no. Los prefijos más comunes son los siguientes:

Prefijos separables		**Prefijos no separables**	
ab-	*abfahren* ('partir')	***be-***	*bekommen* ('recibir')
an-	*ankommen* ('llegar')	***ent-***	*entkommen* ('escaparse')
auf-	*aufstehen* ('levantarse')	***er-***	*erzählen* ('contar')
aus-	*ausgeben* ('gastar')	***ge-***	*gefallen* ('gustar')
bei-	*beibringen* ('enseñar')	***miss-***	*missverstehen* ('entender mal')
ein-	*einkaufen* ('comprar')	***ver-***	*verstehen* ('entender')
fest-	*feststellen* ('comprobar')	***zer-***	*zerbrechen* ('romper')
her-	*herkommen* ('venir')		
hin-	*hingehen* ('ir')		
los-	*losfahren* ('partir')		

Prefijos separables		Prefijos no separables
mit-	*mitnehmen* ('llevar consigo')	
vor-	*vorschlagen* ('proponer')	
weg-	*weggehen* ('irse')	
zu-	*zumachen* ('cerrar')	
zurück-	*zurückgehen* ('volver')	
zusammen-	*zusammenfassen* ('resumir')	

Prefijos que pueden separarse a veces	
durch-	*Die Polizei durchsuchte die Wohnung.* ('La policía registró el piso.') *Die Schnur reißt durch.* ('El cordón se rompe.')
über-	*Der Autor übersetzt das Buch.* ('El autor traduce el libro.') *Die Milch kocht über.* ('La leche se sale al hervir.')
um-	*Wir umfahren den See.* ('Conducimos alrededor del lago.') *Das Auto fährt die Frau um.* ('El coche atropella a la mujer.')
unter-	*Die Ärztin untersucht den Patienten.* ('La doctora examina al paciente.') *Die Sonne geht am Abend unter.* ('El sol se pone por la noche.')
wider-	*Peter hat ihm widersprochen.* ('Peter le contradijo.') *Das Wasser spiegelt die Wolken wider.* ('El agua refleja las nubes.')
wieder-	*Ich wiederhole den Satz.* ('Repito la frase.') *Der Hund holt den Stock wieder.* ('El perro vuelve a traer el palo.')

44. *Ich kann schwimmen. Ich muss schwimmen. Ich darf schwimmen. Ich soll schwimmen. Ich mag schwimmen. Ich will schwimmen.* ¿En qué se diferencian los verbos modales?

Los verbos modales necesitan de otro verbo en infinitivo. Ambos presentan una construcción del verbo compleja, dado que tiene dos partes. El verbo modal es el verbo conjugado y, por lo tanto, se coloca en la posición habitual. En cambio, el verbo en infinitivo se sitúa al final de la oración y posee la carga semántica de la construcción; el modal describe el significado del verbo (⇨ 73). Contamos con seis verbos modales:

können:	*Ich kann schwimmen.*	('Puedo nadar.')
müssen:	*Ich muss schwimmen.*	('Tengo que nadar.')
dürfen:	*Ich darf schwimmen.*	('Puedo nadar. / Me dejan nadar.')
sollen:	*Ich soll schwimmen.*	('Debo nadar.')
mögen:	*Ich mag schwimmen.*	('Me gusta nadar.')
	Ich möchte schwimmen.	('Me gustaría nadar.')
wollen:	*Ich will schwimmen.*	('Quiero nadar.')

Veámoslos más detenidamente.

- ***können*** ('poder'). El verbo modal *können* se utiliza para expresar capacidad, posibilidad, permiso, ruego y propuesta.

  Ich kann zeichnen. ('Puedo dibujar.')
  Nächstes Jahr kann ich den Führerschein machen. ('El año que viene puedo sacarme el carné de conducir.')
  Ihr könnt mit meinen Ball spielen. ('Podéis jugar con mi pelota.')
  Könntest du mir das Salz reichen? ('¿Me podrías pasar la sal?')
  Kann ich dich morgen anrufen? ('¿Puedo llamarte mañana?')

- ***müssen*** ('tener que/deber'). El verbo modal *müssen* expresa deber y obligación, orden externa, detección posterior de una necesidad u obligación interna.

  Ich muss heute bis spät arbeiten. ('Hoy tengo que trabajar hasta tarde.')

Mein Sohn ist krank, ich muss bei ihm bleiben. ('Mi hijo está malo, tengo que quedarme con él.')
Das musste ja so kommen. Ich habe es ja gleich gesagt. ('Eso tenía que venir así. Lo dije desde un principio.')
Wir müssen uns mal mehr um den Garten kümmern. ('Tenemos que cuidar más el jardín.')

Nótese que, en el caso de querer negar el verbo *müssen*, en la mayoría de los casos se utiliza *nicht brauchen* + *zu* + infinitivo.

Ich muss die Hausaufgaben machen. ('Tengo que hacer los deberes.')
Ich brauche die Hausaufgaben nicht zu machen. ('No tengo que hacer los deberes. / No necesito hacer los deberes.')

- ***dürfen*** ('tener el permiso'). Con el verbo modal *dürfen* se puede expresar permiso, se puede formular una pregunta cortés y hacer propuestas. En cambio, *nicht dürfen* expresa una prohibición.

In der Bibliothek darf man nur leise sprechen. ('En la biblioteca solo se debe hablar en voz baja.')
Darf ich Sie um einen Gefallen bitten? ('¿Le podría pedir un favor?')
Hier darf man nicht parken. ('Aquí está prohibido aparcar.')

- ***sollen.*** Con el verbo *sollen* se pueden dar consejos y recomendaciones. Además, puede expresar una exhortación por una tercera persona y repetir una exhortación, preguntar por las expectativas de otra persona y expresar expectativas de una persona. Asimismo, *sollen* sirve también para preguntar qué debe hacer uno.

Du solltest zum Arzt gehen. ('Deberías ir al médico.')
Der Arzt sagt, du sollst viel trinken. ('El médico dice que debes tomar mucha agua.')
Deck bitte den Tisch! – Wie bitte? – Du sollst den Tisch decken! ('¡Por favor, pon la mesa! –¿Cómo dices? –Que pongas la mesa.')

Soll ich dir einen Tee kochen? ('¿Quieres que te haga un té?')
Mein Neffe soll Medizin studieren. ('Mi sobrino debería estudiar medicina.')
Was soll ich machen? ('¿Qué debo hacer?')

- ***mögen.*** Con el verbo modal *mögen* se puede expresar deseo, un plan o una intención.

  Ich möchte bitte ein Stück Käse. ('Quisiera un trozo de queso, por favor.')
  Nächstes Jahr möchte ich nach Berlin fahren. ('El año que viene me gustaría ir a Berlín.')

  Generalmente, se utiliza el verbo *mögen* en el *Konjunktiv II* para el empleo modal y el verbo en *Präsens* en función de verbo pleno.

  Ich mag Schokolade sehr gern. ('Me gusta mucho el chocolate.')
  Ich möchte gern noch ein Stück Schokolade essen. ('Me gustaría comer otro trozo de chocolate.')

- ***wollen.*** Con el verbo modal *wollen* podemos expresar un plan y una intención.

  Peter will sich ein Auto kaufen. ('Peter quiere comprarse un coche.')
  Ich will nächstes Jahr ein Auslandssemester absolvieren. ('El año que viene quiero pasar un semestre en el extranjero.')

La diferencia entre *mögen* y *wollen* radica en que las expresiones con *mögen* son más corteses:

Ich möchte ein Eis essen. ('Quisiera tomar un helado.')
Ich will ein Eis essen. ('Quiero tomar un helado.')

Respecto a su conjugación, los verbos modales presentan irregularidad en el singular; sin embargo, son regulares en el plural. La primera persona singular y la tercera persona son siempre iguales (⇨ 38).

45. *Die Blumen werden gegossen. Die Kühe werden gefüttert.* ¿Es el uso de la voz pasiva más frecuente en alemán que en español?

Efectivamente. En alemán, por lo general, el empleo de la pasiva es muy frecuente. Si en español el uso más habitual es la pasiva refleja, en alemán se emplea la voz pasiva general. Esta forma se utiliza para darle más importancia al hecho que al sujeto que lo realiza. El agente de la acción no tiene que ser conocido:

Die Blumen werden gegossen. ('Las flores son regadas.')
Das Auto wird gewaschen. ('Se lava el coche.')

El agente se puede nombrar con las preposiciones *von* o *durch*.

Die Blumen werden von Peter gegossen. ('Las flores son regadas por Peter.')
Die Dartscheibe wurde von einem Pfeil getroffen. ('El tablero de dardos fue alcanzado por una flecha.')
Die Blumen werden durch den Regen nass. ('Las flores se mojan por la lluvia.')
Das Paket wurde Peter durch den Paketdienst überbracht. ('El paquete fue entregado a Peter por el servicio de paquetes.')

Se emplea la preposición *von* cuando se refiere a la persona que realiza la acción o alguna causa directa de la acción. Sin embargo, cuando se trata de una persona o una causa indirecta que realice la acción se usa la preposición *durch*.

- ***Präsens.*** El presente de la pasiva se forma con el verbo *werden* conjugado (en presente) y el *Partizip II,* que se coloca al final de la oración (⇨ 73):

  Die Haare werden geschnitten. ('Los cabellos son cortados.')
  Das Licht wird angemacht. ('Se enciende la luz.')

- ***Präteritum.*** En el *Präteritum* se utiliza la misma construcción que en el presente, sin embargo, el auxiliar se conjuga en la forma del *Präteritum*:

  Die Haare wurden geschnitten. ('Los cabellos fueron cortados.')

- ***Perfekt.*** En el empleo de la pasiva en *Perfekt* se conjuga el verbo *sein* en presente y el *Partizip II* del verbo principal + *worden* se coloca al final de la oración:

  Die Haare sind geschnitten worden. ('Los cabellos han sido cortados.')

- ***Plusquamperfekt.*** El pluscuamperfecto se forma igual que el *Perfekt*, sin embargo, el verbo *sein* se utiliza en el *Präteritum* de manera conjugada y al final de la oración se coloca el *Partizip II* del verbo principal + *worden:*

  Die Haare waren geschnitten worden. ('Los cabellos habían sido cortados.')

Por lo tanto, en el momento en que se quiera resaltar la acción o el acontecimiento en sí, el alemán emplea la voz pasiva.

46. *Das Auto wird gewaschen. Das Auto ist gewaschen.* ¿Cuál de estas dos formas es correcta?

Ambas oraciones son correctas. En alemán existen dos formas de la voz pasiva: *Vorgangspassiv* y *Zustandspassiv*.

El *Vorgangspassiv* describe el proceso y el desarrollo de la acción, independientemente de que haya terminado o no:

Das Buch wird geschrieben. ('El libro se escribe.')
Das Auto wird gewaschen. ('El coche se lava.')

Sin embargo, el *Zustandspassiv* se centra en la acción terminada y, por lo tanto, en el resultado:

Das Buch ist geschrieben. ('El libro está escrito.')
Das Auto ist gewaschen. ('El coche está lavado.')

El *Vorgangspassiv* que se emplea de manera frecuente en alemán se forma con el verbo *werden* como auxiliar y el *Partizip II*. Sin embargo, el *Zustandspassiv* se emplea con el verbo *sein* en forma conjugada más el *Partizip II*. El empleo del *Zustandspassiv* es generalmente en *Präsens* o en *Präteritum*.

Das Kind war verletzt. ('El niño resultó herido.')
Die Eltern sind informiert. ('Los padres están informados.')

47. *Ich möchte Deutsch lernen. Ich habe Lust, Deutsch zu lernen.* ¿Cuándo se utilizan las construcciones con *zu* y cuándo no?

En alemán existen construcciones de infinitivo, que en algunos casos va precedido de *zu* y en otros se forma sin él.

Las construcciones más frecuentes sin el *zu* son:

- Con un verbo modal:

Ich kann gut schwimmen. ('Puedo nadar muy bien.')
Ich muss meine Hausaufgaben machen. ('Tengo que hacer mis deberes.')
Ich darf ins Kino gehen. ('Me dejan ir al cine.')

- Con tiempos compuestos:

Futur: *Ich werde nächstes Jahr studieren.* ('El año que viene estudiaré.')
Konjunktiv II: *Ich würde gern ein Auto kaufen.* ('Me gustaría comprar un coche.')
Passiv: *Die Jacke sollte nicht zu heiß gewaschen werden.* ('La chaqueta no debe ser lavada demasiado caliente.')

- Con ciertos verbos:

hören: *Ich höre gern das Meer rauschen.* ('Me gusta escuchar el mar.')
sehen: *Ich sehe meine Eltern kommen.* ('Veo venir a mis padres.')
lassen: *Ich lasse mir die Haare schneiden.* ('Me dejo cortar el pelo.')
bleiben: *Morgens bleibe ich noch ein paar Minuten im Bett liegen.* ('Por las mañanas me quedo unos minutos en la cama.')

Hay verbos que pueden aparecer con o sin *zu*. En el caso de que no posean complemento propio se usan sin *zu*. Sin embargo, si se emplean complementos, la tendencia es utilizar dichos verbos con *zu*.

helfen:

Ich helfe dir kochen. ('Te ayudo a cocinar.')
Ich helfe dir, Spaghetti zu kochen. ('Te ayudo cocinar espaguetis.')

lehren:

Sie lehrt Mathematik an der Universität. ('Ella enseña matemáticas en la universidad.')
Sie lehrte mich, die Ruhe zu bewahren. ('Ella me enseñó a mantener la calma.')

lernen:

Ich lerne Deutsch. ('Aprendo alemán.')
Sie lernte mit sechs Jahren, Fahrrad zu fahren. ('Aprendió a montar en bici a los seis años.')

La mayoría de los verbos, no obstante, exigen el infinitivo con *zu*. Se pueden agrupar según lo que quiera expresar el hablante.

- Verbos que expresan comienzo o fin:

  anfangen

  Ich habe gerade angefangen, das Buch zu lesen. ('Acabo de empezar a leer el libro.')

  aufhören

  Ich wollte in einer Stunde aufhören, zu lernen. ('Quería dejar de estudiar dentro de una hora.')

- Verbos que expresan prohibición o permiso:

  erlauben

  Meine Eltern erlauben mir nicht, mit dir zu spielen. ('Mis padres no me dejan jugar contigo.')

verbieten

Meine Eltern verbieten mir, nachts lange aufzubleiben. ('Mis padres me prohíben quedarme despierto hasta tarde por la noche.')

- Verbos que expresan sentimientos:

Ich freue mich, euch morgen zu sehen. ('Me alegro de veros mañana.')

- Verbos que expresan una intención:

beabsichtigen:

Ich beabsichtige, heute ins Fitnessstudio zu gehen. ('Tengo la intención de ir hoy al gimnasio.')

vorhaben:

Ich habe vor, eine Reise zu machen. ('Tengo la intención de hacer un viaje.')

Son numerosos los verbos que exigen infinitivo con *zu*. Entre otros, además de los anteriores: *anbieten, sich bemühen, beschließen, denken an, sich entschließen, versprechen, sich weigern, anbieten, befehlen, bitten, raten, verbieten,* etc.

- Adjetivos o participios con *zu* + infinitivo

interessant:

Ich finde es interessant, diesen Kurs zu besuchen. ('Me parece interesante asistir a este curso.')

wichtig:

Ich finde es wichtig, Sprachen zu lernen. ('Me parece importante aprender idiomas.')

Existen numerosos adjetivos y participios que necesitan la estructura *zu* + infinitivo. Entre otros están los siguientes: *bereit, entschlossen, erfreut, erstaunt, gesund, ungesund, gewohnt, ungewohnt, gut, schlecht, leicht, schwer, nötig, unnötig, praktisch, uninteressant,* etc.

- Sustantivos con *zu* + infinitivo

Lust:

Ich habe Lust, mit euch ins Kino zu gehen. ('Tengo ganas de ir al cine con vosotros.')

Spaß:

Es macht keinen Spaß, beim Spielen immer zu verlieren. ('No es divertido perder siempre jugando.')

Freude:

Es macht mir Freude, euch beim Spielen zu sehen. ('Me gusta veros jugar.')

Otros sustantivos que necesitan esta construcción son: *die Absicht, die Angst, die Gelegenheit, der Grund, die Möglichkeit, die Mühe, das Problem, die Schwierigkeiten, die Zeit,* etc.

- Conjunciones con *zu* + infinitivo

anstatt:

Anstatt mir zu helfen, sitzt du faul auf dem Sofa. ('En lugar de ayudarme, estás sentado perezosamente en el sofá.')

ohne:

Sie sitzt den ganzen Tag im Büro, ohne sich zu bewegen. ('Está sentada todo el día en la oficina sin moverse.')

um (⇨ 53):

Ich lerne Deutsch, um eine bessere Arbeitsstelle zu bekommen. ('Aprendo alemán para conseguir un trabajo mejor.')

48. *Es regnet. Es gibt viele Geschäfte in Berlin.* ¿Cuándo hay que emplear el pronombre *es*? ¿Existen verbos que requieren *es*?

Sí, hay verbos que requieren el pronombre *es,* especialmente con expresiones climáticas y para describir ruidos (ver tabla), además de la expresión *es gibt* ('hay'). Asimismo, el pronombre *es* puede desempeñar distintas funciones dentro de una oración.

- *Es* impersonal con función de sujeto:

Con expresiones climáticas	Para describir ruidos	Para dar indicaciones temporales
Es regnet. ('Llueve.') *Es schneit.* ('Nieva.') *Es donnert.* ('Truena.')	*Es klingelt.* ('Llaman al timbre.') *Es klopft.* ('Tocan a la puerta.')	*Es ist 12:00 Uhr.* ('Son las 12:00 horas.') *Es ist Mittag.* ('Es mediodía.') *Wie spät ist es?* ('¿Qué hora es?')

- Con la expresión invariable *es gibt*:

  Es gibt kein Obst mehr. ('Ya no queda fruta.')
  Es gibt viele Restaurants in dieser Straße. ('Hay muchos restaurantes en esta calle.')

- Función como pronombre sujeto o acusativo:

  Wie viel kostet das Bett? Es kostet 100€. Dann kann ich es heute kaufen. ('¿Cuánto cuesta la cama? Cuesta 100 €. Entonces puedo comprarla hoy.')

- Puede sustituir un adjetivo:

  Der Urlaub war schön. Das Wetter war es nicht so sehr. ('Las vacaciones fueron bonitas. El tiempo no lo fue tanto.')

- Puede sustituir parte de una oración:

  Wann fängt die Schule an? Ich weiß es nicht. (¿Cuándo empieza el colegio? No lo sé.')

Además, en el caso de que se quiera colocar el sujeto en tercera posición, sin poner ninguna información en la primera posición, hay que colocar el *es* como reemplazo del sujeto (⇨ 68). No obstante, en este caso carece de significado y ocupa la primera posición. Si otro elemento pasa a la primera posición, el *es* desaparece.

Es kamen viele Leute zur Geburtstagsfeier. ('Vino mucha gente a la fiesta de cumpleaños.')
Viele Leute kamen zur Geburtstagsfeier. ('Mucha gente vino a la fiesta de cumpleaños.')
Zur Geburtstagsfeier kamen viele Leute. ('A la fiesta de cumpleaños vino mucha gente.')

49. *Mach das Fenster auf! Deckt den Tisch!* ¿Es el alemán un idioma imperativo?

El uso del imperativo en alemán es frecuente, dado que puede desarrollar muchas funciones. Se utiliza para expresar:

- Consejos

Geh doch zum Arzt! ('¡Vete al médico!/¿Por qué no vas al médico?')
Melde dich doch zu einem Yoga-Kurs an! ('¡Apúntate a un curso de yoga!/¿Por qué no te apuntas a un curso de yoga?')

- Ruegos

Gib mir bitte deinen Kugelschreiber! ('¡Dame tu bolígrafo, por favor!')
Mach bitte das Fenster zu! ('¡Cierra la ventana, por favor!')

- Propuestas o invitaciones

Lasst uns doch einen Kaffee trinken! ('¡Déjanos tomar un café!/¿Por qué no tomamos un café?')
Komm mit ins Kino! ('¡Ven al cine!')

- Llamamientos

Stoppt die Umweltverschmutzung! ('¡Parad la contaminación del medio ambiente!')
Schützt die Wälder. ('¡Proteged los bosques!')

- Órdenes

  Räum dein Zimmer auf! ('¡Recoge tu habitación!')
  Mach deine Hausaufgaben! ('¡Haz los deberes!')

- Advertencias

  Schnallen Sie sich jetzt bitte an! ('¡Póngase el cinturón, por favor!')
  Lass das sein! ('¡Deja eso!')

- Instrucciones

  Nehmen Sie das Gerät aus der Verpackung! ('Saque el aparato de la caja.')
  Rühren Sie den Teig 5 Minuten! ('Mezcle la masa cinco minutos.')

Aparte de las funciones que desempeña, se usa generalmente para la segunda persona del singular y del plural y para la forma de cortesía (*Sie*, 'usted/ustedes').

Para la formación del imperativo se toma como referencia el *Präsens*:

> *Nehmen Sie doch den Bus!* ('¡Tome el autobús!/¿Por qué no toma el autobús?')
> *Setzen Sie sich, bitte!* ('¡Siéntese, por favor!')

Se parte de la 3.ª persona plural del *Präsens*, aunque en el imperativo el verbo se coloca en primera posición y precede directamente al pronombre personal *Sie*.

EXCEPCIÓN: *sein*

> *Seien Sie unbesorgt!* ('¡Puede estar tranquilo!')

En el caso de la 2.ª persona del singular del imperativo se toma la 2.ª persona singular del *Präsens*, aunque sin terminación y sin pronombre personal. El verbo se coloca de nuevo en primera posición:

> *Iss dein Abendessen!* ('¡Come tu cena!/¡Cena!')
> *Lies das Buch!* ('¡Lee el libro!')

EXCEPCIÓN: *sein*

Sei jetzt still! ('¡Cállate ahora!')

En el caso de que la raíz termine en *-d, -t, -ig, -m* o *-n* se conserva la *-e*:

Arbeite nicht zu viel! ('¡No trabajes tanto!')
Öffne die Tür bitte! ('¡Abre la puerta, por favor!')

En el caso de los verbos irregulares que llevan diéresis en el presente, esta no se conserva en el imperativo:

Fahr mit dem Taxi! ('¡Toma un taxi!')
Lauf zu deinen Eltern! ('¡Corre con tus padres!')

Respecto a la 2.ª persona plural, se toma como referencia el *Präsens*, aunque sin pronombre personal y en primera posición.

Passt gut in der Schule auf! ('¡Prestad atención en el colegio!')
Räumt eure Zimmer auf! ('¡Recoged vuestra habitación!')

Obsérvese que la forma negativa no cambia respecto a la positiva; por lo tanto, es diferente al español (⇨ 70).

50. *Ich würde gern ein Haus kaufen.* ¿Cómo se expresan deseos en alemán?

En alemán existen diferentes formas para expresar deseos. La más simple sería una construcción con el verbo *möchten* ('querer').

Ich möchte gern ein Glas Wasser. ('Quisiera un vaso de agua.')

Asimismo, obviamente, las construcciones con el verbo *wünschen* ('desear') también expresan deseo.

Ich wünsche mir ein Buch zu meinem Geburtstag. ('Deseo un libro por mi cumpleaños.')

Sin embargo, el uso más frecuente para expresar deseo son las construcciones con el *Konjunktiv II*.

Ich hätte gern ein neues Auto. ('Me gustaría tener un coche nuevo.')
Ich wäre gern Architekt. ('Me gustaría ser arquitecto.')

Tal como se puede observar en los ejemplos anteriores, se emplea el verbo *haben* o bien el verbo *sein* en *Konjunktiv II* junto al adverbio *gern*. En cambio, en español se emplearía el condicional.

Dado que en los verbos regulares el *Konjunktiv II* y el *Präteritum* del indicativo son idénticos, se prefiere la construcción *würde* como auxiliar + el infinitivo (⇨ 73), que se coloca al final (salvo en el caso de los verbos *sein*, *haben*, los verbos modales y algunos verbos irregulares).

Wir würden gern ein Kind adoptieren. ('Nos gustaría adoptar a un niño.')
Wir würden gerne eine Weltreise machen. ('Nos gustaría dar la vuelta al mundo.')
Ich würde gerne in Urlaub fahren. ('Me gustaría ir de vacaciones.')

Además, en el caso de los verbos modales e irregulares se encuentran también construcciones como:

Könntest du mir bitte helfen? ('¿Me podrías ayudar, por favor?')
Dürften wir uns dazusetzen? ('¿Podríamos sentarnos con ustedes?')
Ich fände es gut, wenn ihr zu meiner Party kommen könntet. ('Me encantaría, si pudierais asistir a mi fiesta.')
Ich schliefe gern jeden Tag aus. ('Me gustaría dormir todos los días a mi gusto.')

51. *Warum ist die Banane krumm?* ¿Como se expresan oraciones causales en alemán?

Para expresar causa en alemán se pueden utilizar distintos elementos gramaticales. Sin embargo, las estructuras difieren entre sí y varían ligeramente en su significado. Si alguien preguntara *Warum lernst du Deutsch?* las respuestas podrían ser varias.

Cada oración puede implicar una estructura gramatical diferente; sin embargo, el significado no varía demasiado y expresa siempre causa. Veamos algunas de estas construcciones.

- ***denn.*** Para el estudiante de alemán, el uso más fácil para enlazar oraciones es con *denn*. Se toman dos oraciones principales y se combinan con coma y *denn*. *Denn* no cuenta y, por lo tanto, está en posición cero (*Nullposition*). Por ello, la estructura en ambas oraciones es como en las oraciones afirmativas. La oración iniciada con *denn* implica la razón. Además, se sitúa siempre en la parte posterior de ambas oraciones.

  Ich lerne Deutsch, denn ich mag Fremdsprachen. ('Aprendo alemán, puesto que me gustan los idiomas extranjeros.')

- ***weil/da.*** Las oraciones subordinadas causales son introducidas por una conjunción subordinada *weil* o *da* y, por lo tanto, el verbo conjugado se coloca al final. La oración subordinada explica el motivo o la causa de la oración principal. Además, las oraciones subordinadas pueden aparecer en primer lugar. Sin embargo, en este caso, el verbo tiene que colocarse en posición dos, es decir, después de la coma (⇨ 71).

  Ich lerne Deutsch, weil/da ich Fremdsprachen mag. ('Aprendo alemán porque me gustan los idiomas extranjeros.')
  Weil/Da ich Fremdsprachen mag, lerne ich Deutsch. ('Dado que me gustan los idiomas, aprendo alemán.')

- ***weshalb/weswegen.*** En este caso también se introduce la subordinada con una conjunción *weshalb/weswegen*, no obstante, el motivo o la causa aparecen en la oración principal.

  Ich mag Fremdsprachen, weshalb/weswegen ich Deutsch lerne. ('Me gustan los idiomas extranjeros, por lo que aprendo alemán.')

- ***darum/deshalb/deswegen/daher.*** Igual que en el caso anterior, la causa o el motivo se introduce con *darum*, *deshalb*, *deswegen* o *daher* que son sinónimos. Sin embargo, este se coloca en primera posición, por lo tanto, el verbo conjugado se coloca en segunda y el sujeto tiene que aparecer en tercera posición.

Ich mag Fremdsprachen. Darum/deshalb/deswegen/daher lerne ich Deutsch. ('Me gustan los idiomas extranjeros. Por ello/por esa razón aprendo alemán.')

- ***nämlich.*** Con el adverbio *nämlich* se puede explicar también la razón o el motivo de un acontecimiento. En este caso, el adverbio se coloca generalmente detrás del verbo conjugado.

Ich lerne Deutsch. Ich mag nämlich Fremdsprachen. ('Aprendo alemán. Es que me gustan los idiomas extranjeros.')

- ***aufgrund/wegen + Genitiv.*** Existen también preposiciones en relación con sustantivos que pueden expresar causa, como, por ejemplo, *aufgrund/wegen + Genitiv*. Generalmente, se colocan en primera posición y no van separadas por una coma. Sin embargo, también se puede colocar dentro de la oración.

Aufgrund meiner Liebe zur Fremdsprachen, lerne ich Deutsch. ('A causa del amor a los idiomas extranjeros aprendo alemán.')
Ich lerne aufgrund/wegen meiner Liebe zur Fremdsprachen Deutsch. ('A causa del amor a los idiomas extranjeros aprendo alemán.')

- ***aus/vor + Dativ.*** Generalmente se utilizan ambas preposiciones con sustantivos que no llevan artículo. Igual que en las demás estructuras con preposiciones, pueden estar en posición uno o dentro de la oración. Se emplea la preposición *aus* para causas conscientes y la preposición *vor*, si la causa y el motivo son más bien reacciones inconscientes, generalmente una reacción corporal, como, por ejemplo, un susto.

Aus Liebe zu Fremdsprachen lerne ich Deutsch. ('Por amor a los idiomas extranjeros aprendo alemán.')

Vor Müdigkeit kann ich heute kein Deutsch lernen. ('Por cansancio no puedo aprender alemán hoy.')

- ***dank + Genitiv.*** El uso de esta preposición es parecido a la de *aufgrund/wegen + Genitiv*. No obstante, *dank* se combina con un motivo o una causa positiva.

  Dank meiner Liebe zu Fremdsprachen lerne ich Deutsch. ('Gracias al amor a los idiomas extranjeros aprendo alemán.')

52. *Ich hoffe, dass das Wetter besser wird. Das Buch, das ich jetzt lese, ist sehr gut.* ¿Cuándo se usa *dass* y cuándo *das*?

Para introducir una oración subordinada se pueden utilizar *dass* y *das*; no obstante, tienen dos funciones y significados distintos.

Dass ('que') es una conjunción que introduce una oración subordinada. Por lo tanto, se coloca en primera posición dentro de la oración subordinada y precede siempre al sujeto. El verbo conjugado va al final (⇨ 71).

Er hat herausgefunden, dass du lügst. ('Ha descubierto que mientes.')
Ich finde, dass das Haus sehr schön ist. ('Me parece que la casa es muy bonita.')
Dass Peter pünktlich ist, bezweifle ich. ('Que Peter sea puntual, lo dudo mucho.')

En las oraciones con *dass*, al igual que en la mayoría de las oraciones subordinadas, la oración principal puede preceder o suceder a la oración subordinada como se puede observar en los ejemplos anteriores.

Las oraciones con *dass* pueden desempeñar dos funciones principales:

- Complemento acusativo:

  Ich finde, dass das Theaterstück sehr gut ist. ("A mí me parece que la obra de teatro es muy buena.')
  Er sagt, dass er morgen kommt. ('Dice que viene mañana.')

- Complemento nominativo:

  Dass er morgen kommt, ist ziemlich sicher. ('Que viene mañana es bastante seguro.')
  Dass Eva das Studium abgebrochen hat, ist richtig. ('Que Eva interrumpió su carrera, es cierto.')

Las oraciones con *dass* se usan

- con verbos del decir, como, por ejemplo, *sagen, berichten*, etc.
- con verbos de opinión, como, por ejemplo, *denken, meinen, finden, hoffen, vermuten*, etc.
- con verbos con preposición de recuerdo y pensamientos como, por ejemplo, *sich erinnern an, träumen von*, etc.
- con verbos impersonales de opinión como, por ejemplo, *es ist wichtig, es ist richtig*, etc.

Sin embargo, *das* ('que' relativo) se escribe con solo una *-s* cuando se refiere al pronombre relativo neutro.

Das Bild, das du malst, ist sehr schön. ('El cuadro que pintas es muy bonito.')
Ich habe ein Pferd, das laut wiehert. ('Tengo un caballo que relincha ruidosamente.')

En este caso puede referirse a un complemento nominativo o acusativo. La oración relativa puede estar intercalada o bien puede aparecer después de la oración principal. Sin embargo, por lo general, precede al nombre al que se refiere dentro de la oración relativa. En dicha estructura se emplean comas para separarla de la oración principal, tal como se puede observar en los ejemplos anteriores.

53. ¿Cómo se traduce «para leer»? *Ich kaufe das Buch, um es zu lesen. Ich kaufe das Buch *für lesen.*

En las traducciones literales puede radicar la causa de este frecuente error de algunos estudiantes de alemán. Cuando se quiere traducir *para que* para expresar finalidad, se debe utilizar las construcciones con *damit* o *um...zu*. Sin embargo, a veces se traduce literalmente con la preposición *für*. No obstante, en oraciones finales se recomienda utilizar las siguientes estructuras para expresar una intención, un objetivo o un propósito.

> *Ich kaufe das Buch, um es zu lesen.* ('Compro el libro para leerlo.')
> *Ich kaufe das Buch, damit ich es lese.* ('Compro el libro para leerlo.')

Tal como se puede observar en los ejemplos, ambas construcciones introducen una oración subordinada; por lo tanto, la oración principal y la oración subordinada siempre van separadas por una coma.

> *Peter hilft mir, damit ich die Prüfung bestehe.* ('Peter me ayuda para aprobar el examen.')
> *Damit Monika sich ausruhen kann, kochte Alex heute Abend.* ('Para que descanse Monika, Alex cocina esta noche.')

En las oraciones con *damit* la oración principal puede preceder a la oración subordinada o colocarse a continuación. Lo mismo ocurre con las oraciones con *um... zu*:

> *Um in Griechenland studieren zu können, lernt Eva Griechisch.* ('Para poder estudiar en Grecia, Eva aprende griego.')
> *Bernd ruht sich am Nachmittag aus, um am Abend auszugehen.* ('Bernd descansa por la tarde para poder salir por la noche.')

Cuando el sujeto de ambas oraciones es el mismo solamente se puede utilizar la construcción con *um... zu* y se omite el sujeto en la oración subordinada, tal como ocurre en el último ejemplo. No obstante, en el caso de que los sujetos de la oración principal y de la subordinada sean diferentes se pueden utilizar ambas construcciones, *damit* y *um... zu*.

54. ¿Estilo nominal o estilo verbal? ¿Cuál es el más frecuente?

En alemán se diferencian dos estilos, *Verbalstil* y *Nominalstil*. El *Verbalstil* se utiliza especialmente en el habla cotidiana y por ello es más frecuente. En cambio el *Nominalstil* se emplea más bien en textos escritos oficiales, como textos científicos o administrativos.

En el *Verbalstil* el verbo describe la acción:

Die Kinder lachen. ('Los niños se ríen.')

En el *Nominalstil,* en cambio, el enfoque recae en el sustantivo:

das Lachen der Kinder. ('la risa de los niños.')

Hay muchas posibilidades para transformar oraciones del estilo verbal al estilo nominal.

Se puede emplear el *Genitiv*:

Das Meer rauscht. – Das Rauschen des Meeres ('El mar brama.' – 'El sonido del mar')
Man untersucht das Meer./ Das Meer wird untersucht – Die Untersuchung des Meeres ('Se estudia el mar.'/El mar es estudiado.' – 'El estudio del mar')

En la mayoría de los usos se utilizan sustantivos con preposiciones:

Menschen migrieren. – Die Migration von Menschen ('Las personas migran.' – 'La migración de las personas')
Ein Physiker führt ein Experiment durch – Die Durchführung eines Experimentes durch einen Physiker. ('Un físico realiza un experimento.' – 'La realización de un experimento por un físico')
Es war sehr schwül, weil die Luftfeuchtigkeit sehr hoch war. – Wegen der hohen Luftfeuchtigkeit war es schwül. ('Hacía bochorno porque la humedad era muy alta.' – 'Debido a la alta humedad hacía bochorno')
Petra geht heute arbeiten, obwohl sie krank ist. – Trotz ihrer Krankheit geht Petra heute arbeiten. ('Petra ha ido hoy al trabajo, aunque está enferma.' – 'A pesar de su enfermedad Petra ha ido hoy al trabajo')

En el estilo verbal se utilizan oraciones subordinadas. En el estilo nominal, en cambio, no se emplean oraciones subordinadas, sino construcciones de preposiciones con sustantivos.

Muchas conjunciones se pueden expresar con el estilo nominal. La siguiente tabla presenta las más frecuentes.

VERBALSTIL	*NOMINALSTIL*
bevor + Verb *Bevor die Sonne untergeht, gehe ich an den Strand.* ('Antes de que el sol se ponga, iré a la playa.')	***vor + Dativ*** *Vor dem Untergang der Sonne gehe ich an den Strand.* ('Antes de la puesta del sol iré a la playa.')
bis + Verb *Bis Jürgen das Studium nicht abgeschlossen hat, kann er nicht verreisen.* ('Hasta que Jürgen no haya terminado su carrera no puede viajar.')	***bis zu + Dativ*** *Bis zum Abschluss des Studiums kann Jürgen nicht verreisen.* ('Hasta el fin de carrera Jürgen no puede viajar.')
wenn + Verb *Wenn es dunkel wird, geht Petra nach Hause.* ('Cuando oscurece, Petra se va a casa.')	***bei + Dativ*** *Bei Einbruch der Dunkelheit geht Petra nach Hause.* ('Al anochecer Petra se va a casa.')
dadurch, dass + Verb *Dadurch dass die Vögel singen, können wir die Kirchenglocken nicht hören.* ('Debido a que los pájaros cantan, no podemos escuchar las campanas de la iglesia.')	***durch + Akkusativ*** *Durch den Vogelgesang kann man die Kirchenglocken nicht hören.* ('Por el canto de los pájaros no se puede escuchar las campanas de la iglesia.')
indem + Verb *Indem du viel Deutsch lernst, bestehst du die Prüfung.* ('Estudiando mucho apruebas el examen.')	***durch + Akkusativ*** *Durch vieles Lernen bestehst du die Prüfung.* ('Al estudiar mucho apruebas el examen.')
nachdem + Verb *Nachdem wir die Reise beendet haben, mussten wir die Koffer auspacken.* ('Después de realizar el viaje, tuvimos que deshacer las maletas.')	***nach + Dativ*** *Nach der Reise mussten wir die Koffer auspacken.* ('Después del viaje tuvimos que deshacer las maletas.')

VERBALSTIL	*NOMINALSTIL*
obwohl + Verb *Obwohl die Schule zu Ende ist, spielen die Kinder auf dem Schulhof.* ('Aunque haya terminado el colegio, los niños siguen jugando en el patio.')	***trotz + Genitiv*** *Trotz des Schulendes spielen die Kinder auf dem Schulhof.* ('A pesar del fin del colegio, los niños siguen jugando en el patio.')
seitdem + Verb *Seitdem er geschieden ist, geht er oft aus.* ('Desde que se divorció sale mucho.')	***seit + Dativ*** *Seit seiner Scheidung geht er oft aus.* ('Desde el divorcio sale mucho.')
um... zu / damit + Verb *Damit die Geburtstagsfeier vorbereitet ist/Um die Geburtstagsparty vorzubereiten, brauchen wir die Hilfe deiner Schwester.* ('Para que la fiesta de cumpleaños esté preparada, necesitamos la ayuda de tu hermana.')	***für + Akkusativ / zu + Dativ*** *Für die Vorbereitung/Zur Vorbereitung der Geburtstagsfeier brauchen wir die Hilfe deiner Schwester.* ('Para la preparación del cumpleaños necesitamos la ayuda de tu hermana.')
während/solange + Verb *Während/Solange es regnet, können wir nicht spazieren gehen.* ('Mientras llueva no podemos ir de paseo.')	***während + Genitiv*** *Während des Regens können wir keinen Spaziergang machen.* ('Durante la lluvia no podremos dar un paseo.')
weil/da + Verb *Ich gehe nicht zur Arbeit, weil/da ich krank bin.* ('No voy al trabajo porque estoy enferma.')	***aufgrund/wegen + Genitiv*** *Ich gehe nicht zur Arbeit aufgrund/wegen meiner Krankheit.* ('No voy al trabajo a causa de mi enfermedad.')
wenn... nicht + Verb *Wenn meine Kollegin mir nicht hilft, schaffe ich es nicht, das Projekt rechtzeitig einzureichen.* ('Si mi compañera no me ayuda, no podré presentar el proyecto a tiempo.')	***ohne + Akkusativ*** *Ohne Hilfe meiner Kollegin schaffe ich es nicht, das Projekt rechtzeitig einzureichen.* ('Sin la ayuda de mi compañera, no puedo presentar el proyecto a tiempo.')

SOBRE LAS PREPOSICIONES

55. *Ich nehme den Kaffee mit Milch aber ohne Zucker. Ich gehe mit dir oder ohne dich.* ¿Qué diferencia hay entre ambas preposiciones?

La diferencia entre ambos complementos preposicionales reside en el uso de la preposición. Una preposición es una partícula invariable que generalmente va acompañada por un sintagma nominal o, a menudo, también por un pronombre, aunque igualmente puede presentarse con adverbios o adjetivos. Todas las preposiciones rigen al menos un caso gramatical. Por ello, existen preposiciones que rigen dativo y otras preposiciones que necesitan del acusativo o genitivo.

> *Ich nehme den Kaffee mit Milch aber ohne Zucker.* ('Tomo el café con leche, pero sin azúcar.')
> *Ich gehe mit dir oder ohne dich.* ('Voy contigo o sin ti.')
> *Ich streite mich oft mit meiner Schwester, aber ich kann ohne sie nicht leben.* ('Me peleo a menudo con mi hermana, pero no puedo vivir sin ella.')

En los ejemplos anteriores las palabras que suceden a la preposición *mit* (*Milch, dir* y *meiner Schwester*) se presentan en el caso dativo, dado que se trata de una preposición que rige exclusivamente el dativo. En el primer ejemplo no existe un marcador que señale que el sustantivo esté en dativo. No obstante, al emplear un pronombre, queda evidenciado el uso del dativo, tal como se presenta en el segundo ejemplo. Al igual que sucede en el tercer ejemplo con el posesivo *meiner*.

Respecto a la preposición *ohne*, ocurre lo mismo, no obstante, aquí hay que utilizar el acusativo (*Zucker, dich* y *sie*). En el primer ejemplo no existe un marcador concreto que señale el acusativo, sin embargo, en los dos ejemplos posteriores se presenta a través de los pronombres *dich* y *sie*.

En alemán existen preposiciones que van exclusivamente con dativo y otras preposiciones que solamente se pueden utilizar con el acusativo. A continuación, se presenta un listado con las preposiciones de acusativo y de dativo.

Preposiciones con acusativo	
bis	*Bis nächsten Montag muss ich das Projekt einreichen.* ('Tengo hasta el lunes que viene para entregar el proyecto.')
durch	*Heute Morgen sind wir durch den Wald gegangen.* ('Esta mañana paseamos por el bosque.')
entlang	*Ich fahre mit dem Fahrrad die Straße entlang.* ('Monto en bici por la carretera.')
für	*Das Geschenk ist für meine Lehrerin.* ('El regalo es para mi profesora.')
gegen	*Ich hatte einen Unfall und bin gegen einen Baum gefahren.* ('Tuve un accidente y choqué con un árbol.')
ohne	*Ohne die Hilfe meiner Eltern hätte ich das nicht geschafft.* ('Sin la ayuda de mis padres no lo habría logrado.')
um... (herum)	*Wir saßen um das Lagerfeuer* (*herum*) *und sangen Lieder.* ('Estuvimos sentados alrededor de la hoguera y cantamos canciones.')
wider	*Die Entscheidung ist wider ihren Willen getroffen worden.* ('La decisión fue tomada en contra de su voluntad.')

Preposiciones con dativo	
ab	*Ab kommender Woche gilt das neue Gesetz.* ('A partir de la próxima semana, se aplicará la nueva ley.')
aus	*Ich steige aus dem Auto aus.* ('Salgo del coche.')
außer	*Außer einer kleinen Scheune war nichts zu sehen.* ('No había nada que ver excepto un pequeño granero.')
bei	*Bei der Arbeit muss ich den Zeitplan einhalten.* ('Tengo que apegarme al horario en el trabajo.')

Preposiciones con dativo	
dank	*Dank seiner Eltern konnte er studieren.* ('Gracias a sus padres pudo estudiar.')
entgegen	*Entgegen den Erwartungen bestand er die Prüfung.* ('Contrariamente a lo que se esperaba, aprobó el examen.')
entsprechend	*Entsprechend ihrer Vorstellung hat sie gehandelt.* ('Según su idea, ella actuó.')
gegenüber	*Gegenüber der Bank ist ein Restaurant.* ('Frente al banco hay un restaurante.')
gemäß	*Gemäß der Verkehrsordnung ist der Fahrer zu schnell gefahren.* ('De acuerdo con las normas de tráfico, el conductor condujo demasiado rápido.')
mit	*Jeden Samstag gehe ich mit meinen Freunden in die Disco.* ('Todos los sábados voy a la discoteca con mis amigos.')
nach	*Nach der Reise war er sehr müde.* ('Después del viaje estaba muy cansado.')
nebst	*Dieses Haus nebst einem Garten ist zu verkaufen.* ('Esta casa junto con un jardín está a la venta.')
samt	*Sie verließ das Haus samt ihrer Kleidung.* ('Salió de casa con su ropa.')
seit	*Seit einem Monat warte ich auf das Ergebnis.* ('Desde hace un mes llevo esperando el resultado.')
von	*Vom Bahnhof fahre ich mit dem Fahrrad nach Hause.* ('Desde la estación de tren me voy a casa en bicicleta.')
zu	*Am Samstag komme ich zu dir.* ('El sábado iré a tu casa.')
zufolge	*Seinen Aussagen zufolge fand die Besprechung nicht statt.* ('Según sus declaraciones, la reunión no tuvo lugar.')
zuliebe	*Meinen Eltern zuliebe mache ich die Ausbildung.* ('Por el bien de mis padres, estoy haciendo la formación.')

56. ¿Se puede colocar una preposición al final de la oración?

Sí, al contrario que en español, en alemán existen algunas preposiciones que pueden colocarse al final de la oración. Aunque se llamen preposiciones y según su nombre deberían preceder a un elemento, existen preposiciones que se colocan detrás del elemento al que se refieren. Algunas preposiciones que representan esta categoría son: *entgegen, entlang, gegenüber, gemäß, nach, über, ungeachtet, wegen, zufolge, zugunsten, zuliebe* y *halber.*

Ich machte es meiner Mutter zuliebe. ('Lo hice por el bien de mi madre.')
Wir fuhren die Straße entlang. ('Condujimos a lo largo de la carretera.')
Man fährt immer der Straße nach. ('Hay que seguir siempre la carretera.')
Der Kirche gegenüber liegt das Hotel. ('Enfrente de la iglesia se encuentra el hotel.')
Meiner Meinung zufolge sollten wir gehen. ('En mi opinión, deberíamos irnos.')

57. ¿Cuál de estas formas es la correcta? *Ich laufe in den Wald. Ich laufe im Wald.*

Ambas formas son correctas, sin embargo, la primera expresa una dirección y, por lo tanto, una acción y la segunda expresa una posición. Dependiendo de lo que el hablante quiera expresar, en alemán se utiliza el acusativo o el dativo con una preposición de cambio (*Wechselpräposition*) que puede necesitar un caso u otro.

Ich laufe in den Wald. ('Corro hacia el bosque.')
Ich laufe im Wald. ('Corro por el bosque.')
Ich gehe ins Kino. ('Voy al cine.')
Ich bin im Kino. ('Estoy en el cine.')

Además, como muestran los últimos dos ejemplos, el aspecto del verbo puede describir un movimiento o una acción, tal como ocurre con el verbo *gehen* ('caminar'); por lo tanto, con verbos de este tipo la preposición utilizada rige el acusativo. En cambio, *sein* expresa una posición y en este caso a la preposición tiene que suceder un dativo. El aspecto del verbo ya nos puede dar una pista sobre si hay que utilizar el dativo o el acusativo.

Los siguientes ejemplos focalizan el fenómeno de las *Wechselpräpositionen*, que se presenta con las siguientes preposiciones de lugar:

an

Das Bild hängt an der Wand. Ich hänge das Bild an die Wand. ('El cuadro cuelga en la pared. Cuelgo el cuadro en la pared.')

auf

Das Kind spielt auf der Straße. Das Kind läuft auf die Straße. ('El niño juega en la calle. El niño corre a la calle.')

hinter

Die Küche befindet sich hinter der Theke. Der Kellner geht hinter die Theke. ('La cocina está detrás del mostrador. El camarero va detrás del mostrador.')

in

Der Tisch steht im Wohnzimmer. Das Baby krabbelt ins Wohnzimmer. ('La mesa está en la sala de estar. El bebé gatea a la sala de estar.')

neben

Der Stuhl steht neben dem Tisch. Ich stelle den Stuhl neben den Tisch. ('La silla está al lado de la mesa. Pongo la silla junto a la mesa.')

über

Das Foto hängt über dem Fernseher. Ich hänge das Foto über den Fernseher. ('La foto cuelga encima de la tele. Cuelgo la foto encima de la tele.')

unter

Das Kind versteckt sich unter dem Tisch. Das Kind kriecht unter den Tisch. ('El niño se esconde debajo de la mesa. El niño se arrasta por debajo de la mesa.')

vor

Das Taxi wartet vor dem Haus. Das Taxi fährt vor das Haus. ('El taxi espera enfrente de la casa. El taxi conduce frente a la casa.')

zwischen

Das Mädchen steht zwischen den Autos. Das Mädchen geht zwischen die Autos. ('La niña está entre los coches. La niña va entre los coches.')

Tal como señalan todos los ejemplos anteriores, en cuanto hay un movimiento con dirección hacia una meta la preposición rige acusativo y responde siempre a la pregunta ¿ADÓNDE? Sin embargo, cuando la preposición expresa un lugar fijo, un punto dentro de un lugar o dentro de un sitio hay que utilizar el caso dativo con una de las nueve *Wechselpräpositionen*. En este caso siempre responde a la pregunta ¿EN DÓNDE?

En la mayoría de los casos, el verbo puede indicar qué caso deberíamos utilizar. Existen verbos que expresan movimiento, por lo tanto, se utilizan con el acusativo. Lo contrario sucede con verbos estáticos que no presentan ningún movimiento y, por consiguiente, la preposición utilizada rige un dativo.

Ich setze mich auf den Stuhl. ('Me siento en la silla.')
Ich sitze auf dem Stuhl. ('Estoy sentada en la silla.')
Ich lege mich ins Bett. ('Me meto en la cama.')
Ich liege im Bett. ('Estoy acostada en la cama.')
Ich hänge das Bild an die Wand. ('Cuelgo el cuadro en la pared.')
Das Bild hängt an der Wand. ('El cuadro está colgado en la pared.')

Volviendo a la duda del principio, si el hablante quiere señalar movimiento y, por lo tanto, queremos responder a la pregunta ¿ADÓNDE?, tenemos que utilizar acusativo. Sin embargo, si se quiere indicar ¿EN DÓNDE? está el hablante, la preposición rige dativo.

Ich laufe in den Wald. ('Corro hacia el bosque.')
Ich laufe im Wald. ('Corro por el bosque.')

58. *Ich gehe in den Supermarkt. Ich gehe auf den Markt. Ich fliege in die Schweiz. Ich fahre zu meiner Tante. Ich gehe jetzt nach Hause.* ¿Qué preposiciones se utilizan para indicar dirección y lugar y cuándo debe usarse cada una?

En el caso de los complementos direccionales y locales introducidos por una preposición se utilizan, generalmente, varias preposiciones. Para poder diferenciarlas se debe plantearse tres preguntas básicas: ¿ADÓNDE?, ¿EN DÓNDE? y ¿DE DÓNDE?

Para la pregunta ¿ADÓNDE? podemos utilizar las preposiciones *zu, nach, in, auf* y *an*.

- ***zu*** se utiliza con personas, instituciones, tiendas, lugares y actividades:

  Wir gehen heute Abend zu Katja. ('Esta tarde vamos a casa de Katja.')
  Nächste Woche fahren wir zu Freunden nach Spanien. ('La semana que viene iremos a España a ver a unos amigos.')
  Heute gehe ich zur Post. ('Hoy voy a correos.')
  Heute gehe ich zum Supermarkt. ('Hoy voy al supermercado.')
  Ich fahre mit dem Fahrrad zur Schule. ('Voy en bicicleta al cole.')
  Heute Abend gehe ich zum Basketballspiel. ('Esta tarde voy al partido de básquet.')
  Ich gehe zum Sport. ('Voy a deporte.')

- ***nach*** se utiliza con países y lugares que no contengan artículos, adverbios locales y *Hause*:

Ich fliege nach Deutschland. ('Vuelo a Alemania.')
Nächste Woche fahre ich nach Berlin. ('La semana que viene voy a Berlín.')
Der Papagei neigt den Kopf nach links. ('El papagayo inclina la cabeza a la izquierda.')
Ich gehe nach Hause. ('Voy a casa.')

- ***in*** se utiliza con países y lugares que llevan artículo y edificios:

Wir fliegen in die USA. ('Volamos a los Estados Unidos.')
Wir fahren in den Norden. ('Vamos al norte.')
Ich gehe in den Supermarkt. ('Voy al supermercado./Entro en el supermercado.')
Ich gehe in den Turnverein. ('Voy al club de gimnasia.')

- ***auf*** se utiliza con islas, superficies e instituciones públicas:

Ich wohne auf Wangerooge. ('Vivo en Wangerooge.')
Das Kind läuft auf die Straße. ('El niño corre a la calle.')
Nächstes Wochenende fahren Peter und Mario aufs Land. ('El próximo fin de semana Peter y Marion van al campo.')
Heute gehe ich auf den Sportplatz. ('Hoy voy al campo de deportes.')
Ich bringe das Geld auf die Bank. ('Llevo el dinero al banco.')

- ***an*** se utiliza con límites y espacios delimitados y con *Meer*:

Nächstes Jahr fahren wir ans Meer. ('El año que viene nos vamos al mar.')
Morgen fahre ich an den See. ('Mañana voy al lago.')

A la pregunta ¿EN DÓNDE? se puede contestar con las preposiciones: *bei, in, auf, an,* y *zu.*

- ***bei*** se usa con personas, lugar de trabajo, actividades o proximidad:

Ich werde immer bei dir sein. ('Siempre estaré contigo.')
Peter arbeitet bei Siemens. ('Peter trabaja en Siemens.')
Ich habe einen Termin beim Augenarzt. ('Tengo una cita con el oftalmólogo.')
Das Restaurant ist beim Dom. ('El restaurante está cerca de la catedral.')
Ich bin beim Tennis. ('Estoy en tenis.')

- ***in*** se usa con países, lugares sin o con artículo y edificios:

  Ich arbeite in Spanien. ('Trabajo en España.')
  Peter wohnt in der Schweiz. ('Peter vive en Suiza.')
  Petra ist in der Werkstatt. ('Petra está en el taller.')
  In welchem Land leben Sie? ('¿En qué país vive usted?')
  Bist du heute den ganzen Tag in der Schule? ('¿Estás hoy todo el día en la escuela?')

- ***auf*** se usa con islas y superficies:

  Auf Sylt ist alles sehr schön. ('En Sylt todo es muy bonito.')
  Das Auto steht auf dem Parkplatz. ('El coche está en el aparcamiento.')
  Wie viele Menschen leben auf der Erde? ('¿Cuántas personas viven en la tierra?')

- ***an*** se usa con bordes y espacios limitados y con *Meer*:

  Monika ist für drei Wochen am Strand. ('Monika está por tres semanas en la playa.')
  Mein Lieblingsort ist am Meer. ('Mi lugar favorito es el mar.')
  Am Gleis 3 fährt der Zug nach Hamburg ein. ('En la vía 3 llega el tren a Hamburgo.')
  Am Ufer wachsen viele Blumen. ('En la orilla crecen muchas flores.')

- ***zu*** se usa con *Hause*:

  Ich bin zu Hause. ('Estoy en casa.')

A la pregunta ¿DE DÓNDE? se puede contestar con las preposiciones *aus* y *von*.

- ***aus*** se utiliza en el caso de procedencia:

  Sie kommt aus Mexiko. ('Ella es de México.')
  Ich nehme die Jacke aus dem Schrank. ('Saco la chaqueta del armario.')
  Ich trinke meinen Kaffee aus meiner Lieblingstasse. ('Me tomo mi café en mi taza favorita.')
  Letzte Woche ist meine Tante aus der Kur zurückgekommen. ('La semana pasada mi tía volvió del balneario.')

- ***von*** se utiliza para movimiento, desplazamiento o en el caso de alejamiento de algo:

  Heute komme ich spät von der Arbeit. ('Hoy llego tarde del trabajo.')
  Peter kommt vom Zahnarzt. ('Peter viene del dentista.')
  Ich komme gerade vom Strand. ('Acabo de llegar de la playa.')

59. *Vor sechs Monaten* o *seit sechs Monaten.* ¿Qué diferencia hay?

Generalmente, las preposiciones *vor* y *seit* no presentan dudas a un estudiante de alemán cuando se refieren a *antes de* y *desde*.

Ich arbeite seit 7:00 Uhr. ('Trabajo desde las siete.')
Heute bin ich vor 7:00 Uhr aufgestanden. ('Hoy me he levantado antes de las siete.')

Sin embargo, existen casos en el que ambas expresiones se traducen al español con *hace* en combinación con referencias temporales como señalan los siguientes ejemplos.

Ich lebe seit drei Jahren in Spanien. ('Vivo desde hace tres años en España.')
Seit drei Jahren bin ich verheiratet. ('Estoy casada desde hace tres años.')
Vor drei Jahren bin ich nach Spanien gezogen. ('Hace tres años me mudé a España.')
Vor drei Jahren habe ich geheiratet. ('Hace tres años me casé.')

En alemán se utiliza la preposición *seit* cuando se expresa un periodo de tiempo y se puede responder a la pregunta ¿DESDE CUÁNDO? (*Seit wann?*). En cambio, se utiliza la preposición *vor* para hacer referencia a una acción puntual en un momento determinado y la acción responde a la pregunta ¿CUÁNDO? (*Wann?*)

Por lo tanto, la diferencia entre utilizar la preposición *vor* o la preposición *seit* reside en si el hablante quiere hacer referencia a un momento determinado o a un periodo de tiempo:

Vor fünf Jahren hatte ich einen Unfall. ('Hace cinco años tuve un accidente.')
Vor sieben Jahren ist mein Sohn geboren. ('Hace siete años nació mi hijo.')
Seit fünf Jahren arbeite ich bei Siemens. ('Desde hace cinco años trabajo en Siemens.')
Seit sieben Jahren lerne ich Japanisch. ('Desde hace siete años aprendo japonés.')

60. ¿Dativo o genitivo? *Wegen des Wetters? Wegen dem Wetter? Wegen mir? Meinetwegen?*

Según la gramática, la preposición *wegen* debería ir siempre con genitivo. Sin embargo, dado que el alemán es una lengua viva, el uso de *wegen* con dativo es cada vez más frecuente en el lenguaje hablado y de forma coloquial:

Wegen des Wetters konnte ich keinen Ausflug machen. ('Debido al tiempo no pude hacer la excursión.')
Wegen dem Wetter konnte ich keinen Ausflug machen. ('Debido al tiempo no pude hacer la excursión.')

Ambas formas se utilizan en el alemán coloquial. No obstante, las gramáticas recomiendan utilizar en la forma escrita siempre *wegen* con genitivo, aunque en la forma hablada predomine cada vez más la forma con dativo.

Además del uso con sustantivos, la preposición *wegen* se utiliza con pronombres personales. En este caso se emplea más la forma del dativo (*wegen mir, wegen dir*) que la del genitivo (*meinetwegen, deinetwegen*) en alemán.

Wegen mir brauchst du dir keine Sorgen zu machen. ('Por mí no tienes que preocuparte.')
Meinetwegen brauchst du dir keine Sorgen zu machen. ('Por mí no tienes que preocuparte.')

Deinetwegen bin ich nach München gefahren. ('Por ti fui a Múnich.')
Wegen dir bin ich nach München gefahren. ('Por ti fui a Múnich.')

No obstante, las gramáticas tienden a recomendar la forma con genitivo (*meinetwegen, deinetwegen*). Por lo tanto, todavía se recomienda el uso con genitivo en la forma escrita y el uso optativo en la forma hablada. Es muy probable que este uso en algún momento llegue a ser arcaico; sin embargo, esta voz todavía se encuentra en evolución, tal como sucede en muchos casos en los idiomas vivos.

Las siguientes preposiciones rigen genitivo:

abzüglich	*außerhalb*	*mangels*	*wegen*
angesichts	*dank*	*mittels*	*zufolge*
anlässlich	*infolge*	*seitens*	*zugunsten*
anstatt	*innerhalb*	*trotz*	*zwecks*
anstelle	*kraft*	*ungeachtet*	*zuzüglich*
aufgrund	*längs*	*während*	

Las siguientes preposiones también rigen genitivo, aunque se utilizan menos:

abseits	*diesseits*	*inklusive*	*südlich*
anhand	*einschließlich*	*inmitten*	*unterhalb*
ausschließlich	*exklusive*	*jenseits*	*vorbehaltlich*
beiderseits	*fern*	*nördlich*	*westlich*
bezüglich	*halber*	*oberhalb*	
binnen	*hinsichtlich*	*östlich*	

Estas preposiciones se usan cada vez más con dativo, sobre todo en el lenguaje hablado.

61. ¿Cómo se traduce «desde el lunes»? *¿Seit Montag, ab Montag* o *von Montag an*? ¿Qué diferencia presentan las preposiciones temporales?

En alemán existen diferentes preposiciones temporales que pueden expresar distinta duración y pueden implicar distintos momentos de partida. En la mayoría de los casos, si se traduce al español, se utilizaría la preposición *desde*. Por lo tanto, el hablante tiene que escoger entre una variedad de preposiciones del alemán para matizar un momento en el tiempo u otro:

> *Seit Montag arbeite ich bei Siemens.* ('Desde el lunes trabajo en Siemens.')
> *Seit drei Jahren wohne ich in Madrid.* ('Desde hace tres años vivo en Madrid.')

Las construcciones con la preposición *seit* tienen el punto de partida en el pasado y el periodo de tiempo descrito llega hasta el presente. Responden a la pregunta: ¿DESDE CUÁNDO?:

> *Seit der Geburt seiner Tochter arbeitete er nur noch halbtags.* ('Desde el nacimiento de su hija trabajaba solo a media jornada.')
> *Seit dem Kauf des Hauses verbrachte sie viel Zeit in ihrem Garten.* ('Desde la compra de la casa pasaba mucho tiempo en su jardín.')

Además, tal como se aprecia en los ejemplos anteriores, en los casos en que se utilizan los tiempos del pasado, traducidos al español con el imperfecto, y respondiendo a la pregunta ¿DESDE CUÁNDO?, en alemán se utiliza la preposición *seit*.

En cuanto a las construcciones con la preposición *ab*, el punto de partida se corresponde con el futuro y responde a las preguntas ¿A PARTIR DE CUÁNDO? o ¿CUÁNDO?, tal como muestran estos ejemplos:

> *Ab Montag arbeite ich bei Siemens.* ('Desde/A partir del lunes trabajo/trabajaré en Siemens.')
> *Ab Februar wohne ich in Hamburg.* ('Desde/A partir de febrero vivo/viviré en Hamburgo.')

Lo mismo sucede con la preposición *von... an*, por lo tanto, ambos usos preposicionales se pueden considerar como sinónimos dentro del periodo de tiempo implicado:

> *Von Montag an arbeite ich bei Siemens.* ('Desde/A partir del lunes trabajo/trabajaré en Siemens.')

Von nächster Woche an bin ich in Berlin. ('Desde/A partir de la semana que viene estoy/ estaré en Berlín.')

La diferencia entre ambas preposiciones reside en que *ab* suele usarse con referencias temporales como:

- adverbios:

  ab heute; ab morgen ('desde/a partir de hoy; desde/a partir de mañana')

- con fechas:

  ab dem dritten Oktober ('desde/a partir del tres de octubre')

- con nombres temporales:

  ab Montag; ab nächstem Jahr ('desde/a partir del lunes; desde/a partir del año que viene')

Sin embargo, el uso de *von... an* es más amplio, dado que también acepta otros tipos de palabras:

- adverbios:

  von heute an; von morgen an ('desde/a partir de hoy; desde/a partir de mañana')

- con fechas:

  von dem dritten Oktober an ('desde/a partir del tres de octubre')

- con nombres temporales:

  von Montag an; von nächstem Jahr an ('desde/a partir del lunes; desde/a partir del año que viene')

- otras palabras:

  von der Geburt seiner Tochter an; von dem Tode seines Vaters an; etc. ('desde el nacimiento de su hija; desde la muerte de su padre, etc.')

No obstante, en el habla coloquial se utilizan ambas formas indistintamente.

SOBRE LOS ADVERBIOS

62. ¿Qué diferencia hay entre estas dos oraciones? *Es ist schon 11 Uhr. Es ist erst 11 Uhr.*

Las palabras *schon* y *erst* son adverbios —y, por lo tanto, invariables— y expresan temporalidad.

> *Es ist schon 11:00 Uhr. Ich muss jetzt in eine Sitzung und hatte keine Zeit mich vorzubereiten.* ('Ya son las 11:00 horas. Tengo que ir a una reunión ahora y no he tenido tiempo para prepararme.')
> *Mein Sohn ist schon 9 Jahre alt und ist schon sehr groß geworden.* ('Mi hijo ya tiene nueve años y ya está muy alto.')

Ambos ejemplos destacan la relación que tiene el hablante con el tiempo. Para indicar que al hablante el tiempo se le pasó de manera rápida y el periodo de tiempo le parece corto, se utilizaría el adverbio *schon*. Tal como se ve en el primer ejemplo, la persona no ha podido terminar los preparativos y el tiempo le ha parecido demasiado corto para organizarse. En el segundo ejemplo el tiempo ha transcurrido tan rápido que el hijo de 9 años le parece mayor.

Por lo tanto, ***schon*** puede expresar que algo:

- transcurre más rápido de lo esperado:

  > *Die Unterrichtsstunde ist schon vorbei. Die Zeit ist heute wie im Fluge vergangen.* ('La clase ya ha terminado. El tiempo ha pasado volando hoy.')

- es superior a lo previsto:

  > *Ich habe heute schon 80€ für Kleidung ausgegeben. Ich sollte jetzt nichts mehr kaufen.* ('Ya he gastado 80 € en ropa hoy. No debería comprarme nada más.')

- se realiza antes de lo esperado:

  > *–Ich habe dir die Zutaten für den Kuchen schon gekauft.* ('Ya te he comprado los ingredientes para el pastel.')
  > *–Ja, danke. Ich weiß. Aber ich habe ihn schon gebacken.* ('Sí, gracias. Lo sé, pero ya lo he hecho.')

- se considera realizado durante un periodo de tiempo largo:

  –Du sprichst gut Deutsch. ('Hablas muy bien el alemán.')
  –Ja, ich lerne es schon seit fünf Jahren. ('Sí, llevo ya cinco años aprendiéndolo.')

En cambio, tal como se puede observar en los siguientes ejemplos, el adverbio ***erst*** expresa un periodo de tiempo que al hablante le parece demasiado largo.

Es ist erst 11:00 Uhr und die Besprechung ist erst um 16:00Uhr. ('Todavía son las 11:00 horas y la reunión no es hasta las 16:00 horas.')
Meine Tochter ist erst 16 Jahre alt und somit zu jung, um den Führerschein zu machen. ('Mi hija tiene solo 16 años y, por lo tanto, es demasiado joven para obtener el carné de conducir.')

En el primer ejemplo el hablante expresa que todavía queda mucho tiempo hasta la reunión de la tarde. En cambio, en el segundo, el hablante quiere expresar que su hija todavía no ha llegado a la edad necesaria para poder sacarse el carné de conducir.

Por lo tanto, ***erst*** puede expresar que algo:

- transcurre más lento de lo esperado:

  Es ist erst die erste Woche des Kurses vorbei. Das nimmt überhaupt kein Ende. ('Solamente ha transcurrido la primera semana del curso. Parece que no tiene fin.')

- es inferior a lo previsto:

  Hast du dein ganzes Geld schon ausgegeben? ('¿Has gastado ya todo tu dinero?')
  Nein, ich habe erst 20€ für Bücher ausgegeben. Ich habe noch 80€ übrig. ('No, solo gasté 20€ en libros y todavía me quedan 80€.')

- se realiza más tarde de lo esperado:

  –Ich habe dir die Zutaten für den Kuchen gekauft. ('Te he comprado los ingredientes para el pastel.')

–Ja, danke. Leider kann ich den Kuchen erst morgen backen. Heute habe ich keine Zeit. ('Si, gracias. Desgraciadamente, no podré hacer el pastel hasta mañana. Hoy no tengo tiempo.')

- se considera realizado durante un periodo de tiempo corto:

  Und du lernst erst seit einem halben Jahr Deutsch? Dafür sprichst du sehr gut Deutsch. ('¿Y has estado aprendiendo alemán solo durante medio año? Pues hablas muy bien alemán.')

En síntesis, los adverbios *schon* y *erst* se utilizan para que el hablante pueda expresar un sentimiento de tiempo, que le parece corto o largo.

63. *Das ist aber teuer! Das solltest du bloß nicht machen! Was gibt es denn zu essen? Geh doch mal zum Arzt!* ¿Cómo se utilizan las partículas modales en alemán?

Las partículas modales son palabras invariables y se utilizan especialmente en la lengua hablada, aunque también se encuentran en el alemán escrito. Sirven para dar énfasis o expresividad a las oraciones y, en la mayoría de los casos, no tienen una traducción exacta. El uso es frecuente en alemán, dado que el hablante puede expresar una cierta emoción con estas partículas y se pueden encontrar en diferentes tipos de oraciones.

- **En oraciones enunciativas**

  ***eben*:** para expresar consecuencia irrevocable (es así, no hay nada que hacer)

  Der letzte Bus ist gerade losgefahren. Schade! Dann müssen wir eben ein Taxi nehmen. ('El último bus acaba de salir. ¡Qué pena! Entonces tenemos que tomar un taxi.')

  ***halt*:** para expresar resignación (no hay más remedio)

  Das Problem werden wir nicht lösen können. Das ist halt so. ('No podremos resolver el problema. Es lo que hay.')

einfach: para expresar insatisfacción y para proponer una solución al problema (simplemente)

Diese Mathe Aufgabe verstehe ich einfach nicht. ('Simplemente no entiendo esta tarea de matemáticas.')
Wenn wir heute das Projekt nicht beenden, dann machen wir es einfach morgen fertig. ('Si no terminamos el proyecto hoy, pues entonces lo terminaremos mañana.')

eigentlich: para expresar sorpresa (por cierto, realmente)

Sie sollte eigentlich hier sein. ('Se suponía que estaría aquí.')
Hat er eigentlich irgendwas zu dir gesagt? ('Pero realmente, ¿te ha dicho algo?')

ja: para expresar algo ya conocido o algo obvio (ya, es obvio)

Das weiß ich ja. ('Sí, ya lo sé.')
Gut, dass du mich ablöst. Dann kann ich ja nach Hause gehen. ('Bien que me des el relevo. Entonces puedo irme a casa.')

schon: para tranquilizar (ya)

Alles wird gut. Du wirst schon sehen. ('Todo saldrá bien. Ya verás.')

- **En oraciones exhortativas**

bloß, ja, nur: para expresar advertencia (no se te ocurra)

Wag es bloß/ja/nur nicht. ('¡No te atrevas!')

mal: para expresar ruego (una vez)

Kannst du mir mal helfen? ('¿Me podrías ayudar un momento?')
Könnten Sie mir mal die Tür aufhalten? ('¿Me podría sujetar la puerta un momento?')

doch: para dar consejo (pero)

Nehmen Sie doch Platz! ('¡Pero siéntese!')

ruhig: para animar (por mí)

Versuch es ruhig! ('¡Inténtalo por mí!')
Mach das Fenster ruhig auf! ('¡Abre la ventana por mí!')

- **En preguntas**

denn y ***eigentlich***: para expresar interés

Wie geht es deinem Vater denn heute? ('¿Qué tal está tu padre hoy?')
Bist du eigentlich mit deinem Projekt fertig? ('¿Ya has terminado con el proyecto?')

- **En exclamaciones**

ja/aber: para expresar sorpresa (pero, pues, pero sí):

Das ist ja teuer! ('¡Pero qué caro!')
Das ist aber nett! ('¡Pero qué amable!')

doch: para expresar oposición

Das ist doch nicht wahr! ('¡Eso no es verdad!')

vielleicht: para expresar enfado

Du bist vielleicht blöd! ('¡Pero que estúpido eres!')

A veces se pueden mezclar varias partículas modales:

Warst du eigentlich schon mal in Berlin? ('¿Ya has estado alguna vez en Berlín?')
Was macht denn eigentlich deine Schwester jetzt in Madrid? ('¿Y qué está haciendo tu hermana ahora en Madrid?')

Tal como muestran los ejemplos, una partícula modal puede tener un significado u otro dependiendo del contexto en el que se utiliza. Por ello, a veces es difícil dar con el significado concreto y generalmente no se traduce. Sin embargo, son importantes para los interlocutores, dado que expresan emociones y sentimientos.

64. *Ich habe so viel gegessen. Ich habe zu viel gegessen.* ¿Significan lo mismo *so* y *zu*?

No, *so* y *zu* no significan lo mismo: *so* se traduce por *tan/tanto* y, en cambio, *zu* corresponde a *demasiado.*

Ich hatte gestern sehr viel Spaß in der Disco. Ich habe so viel getanzt und gelacht. ('Ayer me divertí muchísimo en la disco. Bailé y me reí tanto [=muchísimo].')
Heute kann ich nicht mehr laufen. Ich habe zu viel Sport getrieben und jetzt tun mir die Füße weh. ('Hoy no puedo caminar. Hice demasiado deporte y ahora me duelen los pies.')
Nein danke, ich möchte keinen Nachtisch mehr. Ich habe zu viel gegessen. ('No, gracias. No quiero postre. He comido demasiado.')

El adverbio *zu* modifica un adjetivo o un adverbio.

Die Musik war zu laut. Ich konnte Peter nicht verstehen. ('La música estaba demasiado alta. No podía entender a Peter.')
Zu oft habe ich dich das sagen hören. ('Demasidas veces te he oído decir eso.')

Sin embargo, cuando el adverbio *zu* modifica un verbo se puede utilizar *zu viel* o *zu sehr*, el primero expresa cantidad y el segundo intensidad.

Ich habe zu viel gearbeitet. ('Trabajé demasiado.')
Monika hat sich beim Sport zu sehr angestrengt. ('Monika se esforzó demasiado haciendo deporte.')

Cuando acompaña a un sustantivo, se debe utilizar *zu viel.*

Peter hat zu viel Geld. ('Peter tiene demasiado dinero.')
Ich habe zu viel Reis gegessen. ('He comido demasiado arroz.')

Por el contrario, el adverbio *so* con el significado de *tan/tanto* se puede emplear en cualquier caso.

Ich habe so viel gearbeitet. ('Trabajé tanto.')
Petra hat sich so angestrengt. ('Petra se esforzó tanto.')
Monika hat so viel Geld. ('Monika tiene tanto dinero.')

65. ¿Admiten gradación los adverbios?

Sí, hay algunos adverbios que presentan gradación, tal como sucede con los adjetivos. Sin embargo, se trata de un número reducido de adverbios que presentamos en la siguiente tabla:

Positivo	**Comparativo**	**Superlativo**	**Traducción**
bald	*eher*	*am ehesten*	pronto
gern	*lieber*	*am liebsten*	gustar/con gusto
lange	*länger*	*am längsten*	mucho tiempo
oft	*öfter*	*am öftesten*	a menudo
häufig	*häufiger*	*am häufigsten*	frecuentemente
viel/sehr	*mehr*	*am meisten*	mucho/muy
wenig	*weniger*	*am wenigsten*	poco
wenig	*minder*	*am mindesten*	poco
wohl	*wohler*	*am wohlsten*	bien

La forma primitiva del adverbio se considera el positivo. Para obtener el comparativo se añade la terminación *-er* y para el superlativo se aplica la regla *am* + la terminación *-sten*, igual que para formar la gradación de los adjetivos (⇨ 37). En la mayoría de los casos el adverbio cambia por completo de la forma positiva a las demás formas y presenta una irregularidad dentro de la gradación.

Se debe destacar el adverbio *gern*, dado que se usa de manera frecuente en alemán y la traducción al español se realiza con una perífrasis verbal *gustar* + infinitivo y, por lo tanto, se realiza con una estructura diferente al alemán:

> *Trinkst du gern Wein?* ('¿Te gusta beber vino?')
> *Nein, ich trinke lieber Bier.* ('No, prefiero beber cerveza.')
> *Aber am liebsten trinke ich Wasser.* ('Pero a mí lo que más me gusta es beber agua.')

En los ejemplos anteriores se observa que la traducción al español del positivo se realiza con *gustar* + infinitivo, del comparativo se emplea *preferir* + infinitivo y, por último, para la traducción del superlativo se usa *que más me gusta.*

Respecto a los adverbios que no presentan gradación, en la mayoría de los casos se utiliza *mehr* o *weiter* para el comparativo y *am meisten* o *am weitesten* para el superlativo:

Das Geschäft ist weiter oben, im 5. Stock. ('La tienda está más arriba, en la quinta planta.')
Jetzt geht der Berg mehr/am meisten bergauf. ('Ahora la montaña va más/ el máximo cuesta arriba.')

66. *Das Essen war sehr scharf. Das Essen war viel schärfer, als ich gedacht habe.* ¿Cuándo se utiliza *viel* y cuándo *sehr*?

Los adverbios *sehr* y *viel* se pueden utilizar como modificadores de adjetivos.

Das Essen war sehr scharf. ('La comida estaba muy picante.')
Das Essen war viel schärfer, als ich gedacht habe. ('La comida estaba mucho más picante de lo que pensaba.')
Der Film ist sehr interessant. ('La película es muy interesante.')
Mario findet den Film viel interessanter als das Buch. ('A Mario le parece la película más interesante que el libro.')

El adverbio *sehr* se emplea con el grado positivo del adjetivo, tal como se puede observar en el primer y tercer ejemplo. En cambio, *viel* se usa en combinación con el comparativo del adjetivo (ver ejemplos dos y cuatro). Cuando se utilizan como modificadores de adjetivo, ambos adverbios no admiten gradación y hay que utilizarlos en las formas: *sehr* y *viel* (⇨ 37).

Respecto al empleo con verbos, cambian de significado, *viel* expresa cantidad y *sehr* intensidad. El adverbio se coloca en este caso detrás del verbo.

Ich habe mich sehr über das Geschenk gefreut. ('Me alegré mucho por el regalo.')

Ich ärgere mich sehr über meinen Chef. ('Estoy muy enfadada con mi jefe.')
Sie verdient viel Geld. ('Ella gana mucho dinero.')
Schläfst du viel am Wochenende? ('¿Duermes mucho el fin de semana?')

Tanto el comparativo como el superlativo presentan la misma forma para ambos adverbios.

Ich habe mich sehr über die Feier gefreut, aber am meisten habe ich mich über die Gäste gefreut. ('Estaba muy feliz por la fiesta, pero sobre todo estaba feliz por los invitados.')
Monika und Mario verdienen viel, aber am meisten verdient Petra. ('Monika y Mario ganan mucho, aunque Petra es la que más gana.')

Además, pueden aparecer juntos, como doble modificador:

Im Urlaub habe ich sehr viel gegessen. ('En las vacaciones comí mucho.')
Leider schauen meine Kinder sehr viel fern. ('Lamentablemente, mis hijos ven mucho la tele.')

67. *Ich mag keinen Kaffee. Kaffee möchte ich heute nicht.* ¿Cómo funciona la negación en alemán?

La negación en alemán puede expresarse de distintas maneras. Se puede negar con *nein, nicht, kein* y otras formas de negación, como, por ejemplo, *nichts, nie* o *niemand.*

La negación con *nein*

El adverbio *nein* se emplea como respuesta negativa a las preguntas que pueden contestarse con sí o no (*Ja/Nein-Fragen;* ⇨ 69).

Hast du Lust ins Kino zu gehen? Nein. ('¿Tienes ganas de ir al cine? No.')
Hast du Geschwister? Nein, ich habe keine Geschwister. ('¿Tienes hermanos? No, no tengo hermanos.')

Como señalan los ejemplos anteriores, *nein* puede usarse solo o como parte de una oración, aunque en este caso va siempre separado por una coma.

La negación con *nicht*

El uso del *nicht* en alemán es amplio y puede negar distintos elementos gramaticales, tales como, verbos, adjetivos, adverbios y sustantivos precedidos por un artículo determinante, entre otros.

- Negación del verbo

  Arbeitest du? Nein, ich arbeite nicht, ich studiere. ('¿Trabajas? No, no trabajo, estudio.')
  Ich schwimme nicht im See. ('No nado en el lago.')
  Ich bringe das Buch nicht mit. ('No llevaré el libro.')

- Negación del adjetivo

  Das ist nicht schlecht. ('No está mal.')
  Das Haus ist nicht klein. ('La casa no es pequeña.')

- Negación del adverbio

  Mein Sohn kommt heute nicht. ('Mi hijo no viene hoy.')
  Er ist nicht da. ('No está.')

- Negación de un sustantivo acompañado por un artículo determinado, posesivo o nombre propio

  Ich habe den Strafzettel nicht bezahlt. ('No pagué la multa.')
  Ich habe meinen Strafzettel nicht bezahlt. ('No pagué mi multa.')
  Das hat nicht Peter gemacht, sondern Marion. ('No lo hizo Peter, sino Marion.')

- Negación de los complementos de lugar, tiempo, modo y complemento proporcional

  Ich komme nicht aus Deutschland. ('No soy de Alemania.')
  Das Flugzeug fliegt nicht um 12:00 Uhr ab. ('El avión no sale a las 12:00.')
  Ich mache das nicht aus Spaß. ('No lo hago por diversión.')
  Wir laufen nicht über die Brücke. ('No cruzamos el puente.')

- Negación de una oración o parte de una oración

  Ich komme heute nicht. ('Hoy no voy.')
  Ich komme nicht heute, sondern morgen. ('No voy hoy sino mañana.')

Negación con *kein*

Se utiliza para la negación de un sustantivo que vaya acompañado de un artículo indeterminado.

Ich habe keinen Hund. ('No tengo ningún perro.')
Ich nehme keinen Zucker. ('No tomo azúcar.')

Tal como muestran los ejemplos, *kein* sigue la declinación del artículo indeterminado, salvo en el plural que hay que indicar la negación.

Ich kaufe Äpfel. ('Compro manzanas.')
Ich kaufe keine Äpfel. ('No compro manzanas.')

Además, *kein* se emplea también con un sustantivo cuando no va acompañado por un artículo.

Ich habe keinen Durst. ('No tengo sed.')
Ich habe keinen Platz für die Kiste. ('No tengo espacio para la caja.')

Otras formas de negación

- con ***nichts*** ('nada')

Er hatte nichts zu sagen. ('No tenía que decir nada.')
Nichts störte ihn. ('Nada le molestaba.')

- con ***nie*** o ***niemals*** ('nunca/jamás')

Ich habe noch nie Tennis gespielt. ('Nunca he jugado al tenis.')
Ich war noch niemals in New York. ('Jamás he estado en Nueva York.')

- con ***niemand*** ('nadie')

Niemand sollte die Höhle betreten. ('Nadie deberá entrar en la cueva.')
Es war niemand hier. ('Nadie estuvo aquí.')

- con ***nirgendwo*** o ***nirgends*** ('en ninguna parte')

Nirgendwo gab es das Buch zu kaufen. ('En ninguna parte se podía comprar el libro.')
Nirgends habe ich so schöne Musik gehört. ('En ninguna parte escuché música tan bonita.')

- con prefijos o sufijos que implican negación:

a-	*atypisch* ('atípico')
des-	*desinteressiert* ('desinteresado')
il-	*illegal* ('ilegal')
im-	*impertinent* ('impertinente')
in-	*inkonsequent* ('inconsecuente')
ir-	*irregulär* ('irregular')
-los	*wolkenlos* ('sin nubes')
miss-	*missverständlich* ('equívoco')
non-	*nonverbal* ('no verbal')
un-	*unsicher* ('inseguro')

En español se admiten varios elementos negativos para expresar la negación. *No he estado nunca aquí.* Sin embargo, en alemán una doble negación equivale a una afirmación, tal como muestra el siguiente ejemplo.

Das Problem ist nicht unlösbar. = Das Problem ist lösbar.
('El problema tiene solución.')

La gran variedad de expresiones que pueden expresar la negación en alemán puede resultar un poco confusa para el estudiante. Sin embargo, una vez que se aclare cuándo se utiliza cada negación, su uso debería resultar más fácil.

Dudas sobre el orden de la oración

68. *Ich arbeite heute. Meine Eltern gehen heute ins Kino.* ¿En qué posición se coloca el verbo en una oración enunciativa?

Antes de ver la posición del verbo dentro de una oración enunciativa, se debe definir qué es una oración. Además de presentar al menos un verbo conjugado, la oración alemana necesita complementos que el mismo verbo utilizado requiere. Por lo tanto, el verbo es el núcleo en toda oración. Dependiendo de qué verbo se utiliza, hay que añadirle los complementos necesarios.

Ich arbeite. ('Trabajo.')
Heute arbeite ich viel. ('Hoy trabajo mucho.')
Peter schreibt einen Brief. ('Peter escribe una carta.')
Ich gebe dir ein Buch. ('Te doy un libro.')
Das neue Auto gefällt mir sehr. ('El coche nuevo me gusta mucho.')

Tal como se puede apreciar en los ejemplos anteriores, el verbo tiene una posición fija dentro de la oración. El verbo se coloca en posición dos, aunque el sujeto puede estar constituido por más de una palabra, tal como podemos observar en el último ejemplo. Sin embargo, se interpreta como una unidad léxica y, por lo tanto, se considera que el verbo está en posición dos. Respecto a la posición del sujeto, este puede aparecer o bien en posición uno o bien en posición tres, tal como muestran los siguientes ejemplos:

Ich kann leider nicht kommen. ('No puedo ir, desgraciadamente.')
Leider kann ich nicht kommen. ('Desgraciadamente, no puedo ir.')
Ich gehe heute ins Kino. ('Voy al cine hoy.')
Heute gehe ich ins Kino. ('Hoy voy al cine.')

69. *Wie heißt du? Kommst du mit ins Kino?* ¿En qué posición se coloca el verbo en una oración interrogativa?

En alemán existen dos tipos de oraciones interrogativas: las oraciones interrogativas parciales y las oraciones interrogativas totales, que se distinguen por la colocación del verbo.

Al igual que ocurre en las oraciones enunciativas (⇨ 68), en las oraciones interrogativas parciales, también denominadas *W-Fragen* (se trata de preguntas con un elemento interrogativo que empieza por *W-*, como, por ejemplo, *Wer? Wie? Was?*), el verbo conjugado, sea simple o compuesto, siempre se coloca en posición dos:

Wie heißt du? ('¿Cómo te llamas?')
Woher kommst du? ('¿De dónde vienes?')
Wo hast du vor drei Jahren gewohnt? ('¿Dónde vivías hace tres años?')
Welche Sprachen sprichst du? ('¿Qué idiomas hablas?')

En el último ejemplo, al igual que en las oraciones enunciativas, las primeras dos palabras se consideran una unidad léxica y, por lo tanto, el verbo sigue apareciendo en segunda posición, aunque se trate de más de una palabra. En las oraciones interrogativas parciales el verbo es el núcleo y a partir de este se colocan los demás componentes. Dado que la primera posición está ocupada por un pronombre interrogativo y la segunda por el verbo, el sujeto tiene que aparecer en tercera posición y a continuación los demás complementos.

Además, al pronombre interrogativo le puede preceder una preposición, aunque ambas palabras se consideran una unidad y, por ello, el verbo se encuentra en su fija posición dos.

> *Für wen ist das Geschenk?* ('¿Para quién es el regalo?')
> *In welches Kino gehen wir?* ('¿A qué cine vamos?')

Asimismo, podemos encontrar adverbios preposicionales *Wo(r)-* en combinación con una preposición como elemento interrogativo. Este se coloca en primera posición y en segunda el verbo conjugado como en todas las demás oraciones interrogativas de este tipo.

> *Wovon sprichst du?* ('¿De qué hablas?')
> *Wonach suchst du?* ('¿Qué buscas?')
> *Worüber freust du dich?* ('¿De qué te alegras?')
> *Woran denkst du?* ('¿En qué piensas?')

Tal como se puede observar en los últimos dos ejemplos, en el caso de que la preposición empiece por vocal se intercala una *-r-*: *Woran? Worüber? Worin*? etc.

Respecto a las oraciones interrogativas totales, también denominadas *Ja/Nein-Fragen* (la respuesta a este tipo de preguntas es *sí* o *no*), cambia la colocación del verbo conjugado y este se posiciona en primer lugar:

> *Hast du Geschwister? Ja, ich habe eine Schwester.* ('¿Tienes hermanos? Sí, tengo una hermana.')
> *Kommst du mit ins Kino? Nein, ich habe heute leider keine Zeit.* ('¿Vienes al cine? No, desgraciadamente hoy no tengo tiempo.')

En el caso de que la pregunta se formule de manera negativa y se quiera contestar con una respuesta positiva, la respuesta debe comenzar con *doch*. Sin embargo, la posición del verbo no varía y, por lo tanto, está en posición uno:

> *Hast du keine Geschwister? Doch, ich habe eine Schwester.* ('¿No tienes hermanos? Sí, tengo una hermana.')

La principal diferencia entre las oraciones interrogativas parciales y las oraciones interrogativas totales es la colocación del verbo. En el primer caso tiene que estar en posición dos; en el segundo, sin embargo, va en primera posición. Nótese, además, que a diferencia del español, que utiliza un signo interrogativo de apertura y otro de cierre, el alemán únicamente utiliza el signo de cierre.

70. *Mach deine Hausaufgaben!* ¿En qué posición se coloca el verbo en una oración exhortativa (o imperativa)?

Respecto a las oraciones exhortativas o de imperativo, el verbo, al igual que en las *Ja/Nein-Fragen*, se coloca en primera posición (⇨ 69):

Öffnen Sie die Tür, bitte! ('¡Abra la puerta, por favor!')
Schließt das Fenster! ('¡Cerrad la ventana!')
Mach deine Hausaufgaben! ('¡Haz tus deberes!')

El tiempo verbal utilizado es el imperativo. Salvo en la forma cortés (*Sie!*) y en el infrecuente uso de la primera persona plural (*wir*), el pronombre personal se omite:

Öffnen Sie die Bücher! ('¡Abra los libros!')
Essen wir! ('¡Comamos!')
Sei lieb! ('¡Se bueno!')
Fahrt mit dem Fahrrad! ('¡Id en bicicleta!')
Fahrt nicht mit dem Auto! ('¡No vayáis en coche!')

A diferencia del español, en alemán se utilizan las mismas formas para el imperativo negativo y positivo, como puede verse en los ejemplos cuarto y quinto (⇨ 49).

Con este tipo de oraciones podemos dar órdenes, instrucciones o consejos, dar permiso o prohibir algo, hacer una advertencia, hacer ruegos y realizar indicaciones:

Mach die Tür auf! ('¡Abre la puerta!')
Öffnen Sie das Gehäuse des Computers! ('¡Abra la caja del ordenador!')

Lern doch ein paar Wochen vor der Prüfung! ('Estudia unas semanas antes del examen!')
Kauf dir ein Eis! ('¡Cómprate un helado!')
Lauf nicht über die Straße! ('¡No cruces la calle!')
Fahren Sie vorsichtig bei Glatteis! ('¡Conduzca con precaución cuando haya hielo!')
Verzeih mir, bitte! ('¡Perdóname, por favor!')
Fahren Sie die erste Straße rechts und die zweite links! ('¡Tome la primera calle a la derecha y la segunda a la izquierda!')

71. ¿Cuándo se coloca el verbo conjugado al final? *Ich weiß nicht, warum das konjugierte Verb am Ende steht.*

En alemán encontramos oraciones en las que el verbo conjugado se coloca al final. Se trata de las oraciones subordinadas, en las que aparecen dos verbos, uno en la oración principal y el otro en la subordinada. La oración principal mantiene el verbo conjugado en segunda posición (⇨ 68). Sin embargo, en la oración subordinada, que está introducida mediante una conjunción, se coloca el verbo conjugado al final.

Ich gehe heute nicht zur Arbeit, weil ich krank bin. ('No voy al trabajo hoy porque estoy enferma.')
Obwohl ich krank bin, gehe ich heute zur Arbeit. ('Aunque estoy enferma, hoy voy a trabajar.')
Als ich klein war, spielte ich gerne Monopoly. ('Cuando era pequeña me gustaba jugar al Monopoly.')

Existen oraciones subordinadas de distintos tipos, tal como se aprecia en el siguiente listado:

- ***Oraciones de sujeto y objeto***

Es ist nicht gut, dass du allein bist. ('No es bueno que estés solo.')
Ich frage mich, ob alles in Ordnung ist. ('Me pregunto si todo está bien.')

- ***Oraciones adverbiales.*** Las oraciones adverbiales se introducen mediante diferentes conjunciones y dependiendo de cuál se utilice, pertenece a un grupo distinto:

  Oración temporal:

  Als ich in die Schule ging, hatte ich oft Hausaufgaben. ('Cuando iba a la escuela, a menudo tenía deberes.')

  Oración condicional:

  Wenn ich Geld habe, kaufe ich mir ein Auto. ('Cuando tenga dinero, me compro un coche.')

  Oración causal:

  Ich kann kein neues Auto kaufen, weil ich kein Geld habe. ('No puedo comprar un coche nuevo porque no tengo dinero.')

  Oración concesiva:

  Obwohl ich eine Einladung bekommen habe, kann ich nicht zu dem Fest gehen. ('Aunque recibí una invitación, no puedo ir a la fiesta.')

  Oración consecutiva:

  Er war so schnell, sodass ihn keiner einholen konnte. ('Era tan rápido que nadie podía alcanzarlo.')

  Oración final:

  Ich lerne Deutsch, damit ich eine bessere Arbeitsstelle bekomme. ('Aprendo alemán para poder conseguir un trabajo mejor.')

  Oración modal:

  Ich bestehe die Prüfungen, indem ich mich gut darauf vorbereite. ('Apruebo los exámenes preparándome bien.')

- **Preguntas indirectas:**

  Ich frage mich, was passiert ist. ('Me pregunto qué ocurrió.')
  Ich weiß nicht, ob er heute kommt. ('No sé si viene hoy.')

- **Oraciones relativas:**

  Das Buch, das ich mir aus der Bibliothek geliehen habe, liegt im Regal. ('El libro que tomé prestado de la biblioteca está en la estantería.')

72. TeKaMoLo. ¿Cómo se colocan los complementos circunstanciales en alemán?

Aunque no exista una colocación fija para los complementos circunstanciales, generalmente se respeta el orden TeKaMoLo:

Te	=	temporal	*heute Abend*
Ka	=	causal	*aus Spaß*
Mo	=	modal	*mit dem Fahrrad*
Lo	=	local	*in die Stadt*

Entonces, con estos complementos circunstanciales, si aplicamos la regla del TeKaMoLo, el orden debería ser el siguiente:

Ich fahre heute Abend aus Spaß mit dem Fahrrad in die Stadt. ('Voy esta noche a dar un paseo por diversión en bicicleta por la ciudad.')

A menudo se puede colocar uno de los complementos circunstanciales al principio de la oración y con ello el hablante da más énfasis a esa parte de la misma (⇨ 74):

Heute Abend fahre ich aus Spaß mit dem Fahrrad in die Stadt. ('Esta noche voy a dar un paseo en bicicleta por la ciudad por diversión.')
Aus Spaß fahre ich heute Abend mit dem Fahrrad in die Stadt. ('Por diversión, voy en bicicleta a la ciudad esta noche.')
Mit dem Fahrrad fahre ich heute Abend aus Spaß in die Stadt. ('En bicicleta voy a dar un paseo por la ciudad esta noche por diversión.')

Los complementos circunstanciales temporales, causales y modales pueden aparecer en primera posición. Además, puede aparecer más de uno siempre y cuando se trate de la misma referencia:

Am Freitag feierten wir seinen Geburtstag. ('El viernes celebramos su cumpleaños.')
Am Freitag, den 2. August, einem Sommertag, feierten wir seinen Geburtstag. ('El viernes 2 de agosto, día de verano, celebramos su cumpleaños.')
Wegen der Hitze waren die Museen überfüllt. ('Debido al calor, los museos estaban abarrotados.')
Wegen der Hitze und der hohen Luftfeuchtigkeit waren die Museen überfüllt. ('Debido al calor y la alta humedad, los museos estaban abarrotados.')

En cuanto a los complementos circunstanciales locales, solamente se colocan en primera posición cuando responden a la pregunta ¿EN DÓNDE? Sin embargo, aparecen al final de la oración cuando hacen referencia a la pregunta ¿ADÓNDE?:

Im Restaurant treffen wir uns heute Abend. ('En el restaurante nos encontramos esta noche.')
An der Ecke ist die Sparkasse. ('En la esquina está el banco.')
In Berlin kann man viele Sehenswürdigkeiten sehen. ('En Berlín se puede ver muchos lugares de interés.')

Heute Abend gehe ich ins Restaurant. ('Esta noche voy al restaurante.')
Die Kinder rannten aus der Schule direkt auf den Spielplatz. ('Los niños corrieron de la escuela directamente al parque infantil.')

En caso de que se añada un complemento de acusativo y otro de dativo, el dativo se suele colocar cerca del verbo conjugado y el acusativo más bien hacía el final de la oración (⇨ 74):

Ich gebe heute meiner Schwester wegen der Prüfung mein Deutschbuch. ('Le doy hoy a mi hermana por su examen mi libro de alemán.')
Petra schreibt Ihrem Chef heute wegen der Rechnung einen Brief nach Spanien. ('Petra le escribe hoy a su jefe a causa de las facturas una carta a España.')

Como se puede observar en los ejemplos, después del verbo conjugado puede aparecer el complemento circunstancial de tiempo o bien el complemento del dativo. En la parte central de la oración se coloca generalmente los complementos causales y modales y al final de la oración se coloca el complemento del acusativo y el complemento circunstancial local, especialmente cuando responde a la pregunta ¿ADÓNDE? Por lo tanto, TeKaMoLo es una regla mnemotécnica para colocar bien los complementos circunstanciales.

73. *Satzklammer*: ¿Qué significa y cuándo se utiliza?

Dentro de una oración alemana, el verbo es el núcleo y a partir de este se colocan todos los complementos necesarios. Existen casos en los que el verbo necesita otro verbo u otra partícula para complementarse. En este caso el verbo conjugado se presenta en segunda posición de la oración y el otro componente al final de la oración. Con ello, se consigue una especie de paréntesis dentro de la oración, *Satzklammer*.

Ich habe heute morgen um 10 Uhr gefrühstückt. ('Esta mañana he desayunado a las 10.')
Ich kann sehr gut kochen. ('Puedo cocinar muy bien.')
Ich stehe jeden Morgen um 7 Uhr auf. ('Todas las mañanas me levanto a las siete.')

En los primeros dos ejemplos se puede observar que la construcción implica dos verbos. En el primero se trata de un tiempo compuesto (*Perfekt*) y el segundo de una construcción con un verbo modal. Sin embargo, hay otros elementos que pueden aparecer al final de la *Satzklammer*. Por ejemplo, en alemán existen verbos separables que están construidos con un prefijo y un verbo. En el infinitivo ambas partes forman solamente una palabra, sin embargo, en el presente el verbo se separa del prefijo y se coloca en segunda posición y de manera conjugada y el prefijo se posiciona al final de la oración (⇨ 43).

Existen diferentes tipos de oraciones en las que se puede observar un paréntesis oracional (*Satzklammer*):

- ***Perfekt***

Ich bin gestern ins Kino gegangen. ('Ayer fui al cine.')
Ich habe letzte Woche Martin getroffen. ('La semana pasada me encontré con Martín.')
Die Lehrerin hat letzte Woche die Prüfung vorbereitet. ('La profesora preparó el examen la semana pasada.')
Letztes Jahr bin ich nach Berlin geflogen. ('El año pasado volé a Berlín.')

- ***Plusquamperfekt***

Ich hatte vor der Prüfung viel gelernt. ('Antes del examen había estudiado mucho.')
Wir hatten kein Obst gekauft. ('No habíamos comprado fruta.')

- ***Futur***

Monika wird morgen ins Kino gehen. ('Mónica irá mañana al cine.')
Peter wird nächste Woche seine Abschlussprüfung machen. ('Peter hará la semana que viene su examen final.')

- ***Passiv***

Das Auto wird gewaschen. ('El coche está siendo lavado.')
Die Haare werden geschnitten. ('Los pelos están siendo cortados.')
Dem Kind wurde ein Gips angelegt. ('Escayolaron la pierna del niño.')

- ***Konjunktiv***

Sara würde gerne verreisen. ('A Sara le gustaría viajar.')
Wir würden gerne morgen ins Kino gehen. ('Nos gustaría ir al cine mañana.')

- ***Modalverben***

Ich kann Gitarre spielen. ('Puedo tocar la guitarra.')
Ich will Gitarre spielen. ('Quiero tocar la guitarra.')
Ich möchte Gitarre spielen. ('Me gustaría tocar la guitarra.')
Ich sollte Gitarre spielen. ('Debería tocar la guitarra.')
Ich muss Gitarre spielen. ('Tengo que tocar la guitarra.')

- ***Trennbare Verben***

Ich kaufe heute Abend ein. ('Esta tarde haré la compra.')
Ich stehe um 7:00 Uhr auf. ('Me levanto a las siete.')
Mara bereitet die Prüfung vor. ('Mara prepara el examen.')

- ***Ja/Nein-Fragen***

  Gehst du gerne spazieren? ('¿Te gusta salir a pasear?')
  Habt ihr euch letztes Jahr kennen gelernt? ('¿Os conocisteis el año pasado?')

En todos los casos anteriores se trata de combinaciones verbales. Sin embargo, en alemán también se considera un paréntesis oracional cuando formamos una subordinada (⇨ 71).

Entre el elemento introductorio de una subordinada y el verbo conjugado que va al final de la oración subordinada podemos observar una estructura similar a los ejemplos anteriores (*Satzklammer*):

Wir haben eine Weltreise gemacht, weil wir in der Lotterie gewonnen haben. ('Dimos la vuelta al mundo porque ganamos la lotería.')
Herr Müller sagt, dass die Prüfung am Montag stattfinden wird. ('El señor Müller dice que el examen tendrá lugar el lunes.')
Ich weiß nicht, ob wir noch genug Milch haben. ('No sé si todavía tenemos suficiente leche.')
Obwohl sich Isa eingecremt hat, hat sie einen Sonnenbrand bekommen. ('Aunque Isa se puso crema, se quemó con el sol.')

Como se puede observar en los ejemplos anteriores, las conjunciones subordinantes como, por ejemplo, *weil, dass, ob* y *obwohl* presentan el inicio y el verbo conjugado, el final del paréntesis oracional (*Satzklammer*). Todos los demás componentes se colocan dentro del paréntesis oracional.

74. ¿Acusativo antes del dativo? ¿Dativo antes del acusativo? ¿Qué orden hay que seguir?

En cuanto al orden del acusativo y del dativo pueden aparecer ambas formas, el acusativo antepuesto y pospuesto al dativo. Sin embargo, dentro de una oración tienen una colocación fija.

Generalmente, el orden en una oración es el siguiente: sujeto, verbo, objeto del dativo y objeto del acusativo:

Petra gibt dem Verkäufer das Buch. ('Petra le da el libro al vendedor.')
Monika schickt der Kundin eine E-Mail. ('Mónica le envía un correo electrónico a la clienta.')

Sin embargo, este orden cambia cuando uno de los objetos (acusativo o dativo) es sustituido por un pronombre personal átono. En este caso el pronombre precede al sustantivo objeto:

Petra gibt ihm das Buch. ('Petra le da el libro.')
Petra gibt es dem Verkäufer. ('Petra se lo da al vendedor.')
Monika schickt ihr eine E-Mail. ('Mónica le manda un correo electrónico.')
Monika schickt sie der Kundin. ('Mónica se lo envía a la clienta.')

No obstante, en el caso de que ambos objetos —es decir, tanto el objeto del acusativo como el del dativo— son sustituidos por pronombres personales átonos, se coloca antes el acusativo y a continuación, el dativo:

Petra gibt es ihm. ('Petra se lo da.')
Monika schickt sie ihr. ('Mónica se lo envía.')

Por lo tanto, en alemán se pueden encontrar todas las combinaciones (acusativo delante o detrás del dativo); sin embargo, dependiendo de si se trata de un pronombre personal átono o no, hay que respetar el orden determinado dentro de la oración.

75. ¿Dónde se coloca la negación *nicht* dentro de la oración?

El adverbio *nicht* puede negar un verbo, un adverbio o un adjetivo (⇨ 67):

Sie spielt nicht. ('Ella no juega.')
Marion kann nicht gut malen. ('Marion no puede pintar bien.')
Das Auto ist nicht rot. ('El coche no es rojo.')

En el primer ejemplo se niega el verbo, por lo tanto, la negación se refiere a toda la oración. En el segundo ejemplo se niega el adverbio *gut* y en el último ejemplo se niega un adjetivo.

Tal como podemos observar en los ejemplos, la colocación de la negación *nicht* puede variar, aunque tiende a ir más bien hacia el final de la oración. Por lo tanto, no tiene una posición fija y se coloca dependiendo de los demás complementos de la oración y según las siguientes reglas.

- Si se quiere negar toda la oración, y con ello el verbo, la negación *nicht* va al final:

  Das Mädchen macht die Hausaufgaben nicht. ('La niña no hace sus deberes.')
  Ich kenne den Film nicht. ('No conozco la película.')

- En el caso de un paréntesis oracional, el adverbio *nicht* se coloca ante la segunda parte del paréntesis (⇨ 73):

  Ich kann mein Studium nicht finanzieren. ('No puedo financiar mi carrera.')
  Ich kaufe heute nicht ein. ('Hoy no hago la compra.')
  Heute habe ich die Serie nicht sehen können. ('Hoy no he podido ver la serie.')

- En oraciones con *zu*, el *nicht* precede al *zu* + infinitivo (⇨ 47):

  Du brauchst nicht zu kommen. ('No tienes que venir.')
  Ich versuche dich nicht zu stören. ('Intentaré no molestarte.')

- Además, se coloca ante el complemento que se quiera negar. Sin embargo, nunca puede preceder un verbo:

  Nicht immer muss man einen Beitrag zahlen. ('No siempre hay que pagar una cuota.')
  Das ist für mich nicht möglich. ('Eso para mí no es posible.')
  Sie schicken das Material nicht dorthin. ('No mandan el material ahí.')

- Asimismo, se suele colocar ante el complemento modal (⇨ 72):

Ich bin nicht mit dem Fahrrad zur Schule gefahren. ('No fui en bicicleta al cole.')
Ich bin heute nicht mit dem Fahrrad zur Schule gefahren. ('Hoy no fui en bicicleta al cole.')
Ich mache diese Arbeit nicht gern. ('No me gusta hacer este trabajo.')

- Igualmente, se utiliza la negación *nicht* ante un complemento preposicional:

Wir sind heute nicht ins Kino gefahren. ('Hoy no fuimos al cine.')
Wir sprechen jetzt nicht über die Prüfung. ('Ahora no vamos a hablar del examen.')

- Por último, puede ser parte de conectores con dos partículas (*zweiteilige Konnektoren*):

Nicht nur..., sondern auch: Ich kann nicht nur schwimmen, sondern auch tauchen. ('No solo puedo nadar, sino también bucear.')
Nicht..., aber: Er joggt nicht gern, aber ziemlich oft. ('No le gusta correr, sin embargo, lo hace a menudo.')

76. ¿Puede el pronombre reflexivo aparecer en acusativo o en dativo? ¿Dónde se colocan los elementos dentro de una oración? *Ich kämme mich. Ich kämme mir die Haare.*

Sí, un verbo reflexivo puede aparecer solo con un acusativo, exclusivamente con un dativo o con ambos complementos. Hay varios factores que influyen en la decisión de cuál de los casos se debe utilizar o si se debe usar ambas formas.

Un pronombre reflexivo siempre se refiere al sujeto de la oración y se coloca detrás del verbo conjugado que aparece en posición dos, dado que es una oración enunciativa (⇨ 68):

Ich freue mich. ('Yo me alegro.')
Du freust dich. ('Tú te alegras.')
Er freut sich. ('Él se alegra.')

En los ejemplos el verbo reflexivo aparece con acusativo, porque el verbo *sich freuen* requiere acusativo. Por lo tanto, hay verbos reflexivos que rigen el acusativo, como, por ejemplo, los siguientes:

sich bedanken: *Ich bedanke mich für das Geschenk.* ('Agradezco el regalo.')
sich beeilen: *Ich beeile mich sehr.* ('Me apuro mucho.')
sich beschweren: *Sara beschwert sich über den Service.* ('Sara se queja del servicio.')
sich entschließen: *Habt Ihr euch entschlossen, ob ihr mitkommt?* ('¿Habéis decidido si venís?')
sich wundern: *Wir haben uns über die hohe Rechnung gewundert.* ('Nos sorprendimos por la factura elevada.')
sich versprechen: *Ich habe mich versprochen.* ('Me equivoqué al hablar.')
etc.

Asimismo, existen verbos reflexivos que necesitan el dativo, como se puede observar en los siguientes ejemplos:

sich abgewöhnen: *Hast du dir das Rauchen abgewöhnt?* ('¿Has dejado de fumar?')
sich ausdenken: *Ich denke mir viele Geschichten aus.* ('Invento muchas historias.')
sich leisten: *Ich kann mir kein neues Auto leisten.* ('No puedo permitirme un coche nuevo.')
sich merken: *Ich kann mir den Wortschatz gut merken.* ('Puedo recordar bien el vocabulario.')
sich vornehmen: *Du nimmst dir immer so viel vor.* ('Siempre te propones tantas cosas.')
sich vorstellen: *Ich kann mir vorstellen, dass es schwierig ist.* ('Puedo imaginarme que es difícil.')

Como muestran los ejemplos anteriores, generalmente, el pronombre reflexivo se coloca detrás del verbo conjugado. Sin embargo, en el caso de una *Ja/Nein-Frage* (⇨ 69), dado que el verbo conjugado va en primera posición y en segunda tiene que aparecer el sujeto, el pronombre reflexivo aparece en tercera posición, es decir, pospuesto al sujeto (ver el primer ejemplo de los anteriores).

Además, existen verbos que se pueden utilizar de manera reflexiva o no reflexiva, como señalan los siguientes ejemplos:

Ich wasche mein Auto. ('Lavo mi coche.')
Ich wasche mich. ('Me lavo.')
Die Mutter kämmt die Haare ihrer Tochter. ('La madre peina el pelo de su hija.')
Die Mutter kämmt sich. ('La madre se peina.')

Como se puede observar, las oraciones se pueden construir con un acusativo que no sea reflexivo o con un pronombre reflexivo en acusativo. Respecto al uso reflexivo, la persona aparece dos veces dentro de la oración, tanto en el sujeto como en el pronombre reflexivo. Si en este caso se le añade otro objeto, el pronombre reflexivo se convierte en dativo y el objeto añadido en acusativo:

Ich wasche mich. ('Me lavo.')
Ich wasche mir die Hände. ('Me lavo las manos.')
Ich kämme mich. ('Me peino.')
Ich kämme mir die Haare. ('Me peino el pelo.')
Ich schminke mich. ('Me maquillo.')
Ich schminke mir die Lippen. ('Me maquillo los labios.')
Du rasierst dich. ('Te afeitas.')
Du rasierst dir den Bart. ('Te afeitas la barba.')

Los ejemplos muestran que el pronombre reflexivo se coloca detrás del verbo conjugado aunque, si no va acompañado de otro objeto, este se declina en acusativo. No obstante, si se le añade un complemento directo a la oración, dado que es el objeto directo, tiene que estar en acusativo y, por ende, el pronombre reflexivo se declina en dativo.

77. *Vielleicht komme ich morgen. Sie hat vielleicht nicht gut geschlafen.* ¿Dónde se coloca *vielleicht* dentro de una oración?

Como todos los adverbios, *vielleicht* no se puede declinar. Además, no presenta una colocación fija dentro de la oración:

Vielleicht komme ich morgen. ('Tal vez vengo mañana.')
Sie hat vielleicht nicht gut geschlafen. ('Puede que no haya dormido bien.')

En el primer ejemplo, *vielleicht* hace referencia a la oración completa; por lo tanto, aparece en primera posición y con ello el sujeto tiene que aparecer en tercera posición. El segundo ejemplo muestra la colocación de *vielleicht* con el elemento de negación *nicht*. En este caso el adverbio tiene que ir antepuesto al elemento de negación.

En el caso de que quiera referirse solamente a una parte de la oración para intensificar esta, el adverbio *vielleicht* se coloca delante del complemento que se quiera enfatizar (⇨ 63):

Frank und Susanne werden vielleicht übermorgen in den Urlaub fahren. ('Frank y Susanne probablemente se irán de vacaciones pasado mañana.')
Monika wird morgen vielleicht ins Theater gehen. ('Monika probablemente vaya mañana al teatro.')

Generalmente, el adverbio *vielleicht* aparece detrás del complemento del dativo y antepuesto al objeto del acusativo:

Sie schreibt Thomas vielleicht einen Brief. ('Puede que ella le escriba una carta a Thomas.')
Mario kauft seiner Mutter vielleicht ein Geschenk in der Buchhandlung. ('Tal vez le compre Mario a su madre un regalo en la librería.')

Los adverbios no deben aparecer antepuestos a un pronombre:

Mario hat einen Kugelschreiber. Petra fragt, ob er ihn ihr vielleicht ausleihen könnte. ('Mario tiene un bolígrafo. Petra le pregunta si tal vez podría prestárselo.')

En el caso de que la oración no presente ningún complemento, el adverbio *vielleicht* puede colocarse detrás del verbo conjugado:

Er denkt vielleicht, dass ich ihn nicht mögen würde. ('Puede que piense que él no me caería bien.')
Das geht vielleicht nicht. ('Puede que eso no funcione.')

En combinación con complementos circunstanciales de lugar o de tiempo que contengan una preposición, el adverbio *vielleicht* generalmente se coloca ante la preposición (⇨ 72):

Mario trifft sich vielleicht mit seiner Freundin. ('Mario se encuentra tal vez con su novia.')
Er geht vielleicht ins Kino. ('Quizá va al cine.')

Dudas sobre ortografía

Hasta principios del siglo XX el alemán no tenía reglas de ortografía fijas ni conocidas por todos sus hablantes. Cada cual escribía según le parecía y lo cierto es que no había muchos problemas, parte de la población ni siquiera sabía escribir. La necesidad de tener reglas de ortografía surgió realmente con la introducción de la escolarización obligatoria, que se fue implantando progresivamente hasta principios del siglo XX y que dio como resultado un aumento considerable de publicaciones para el uso común de la población.

Fue Konrad Duden quien tomó la iniciativa y publicó un libro con listas de palabras con el fin de ofrecer una obra de consulta sobre la correcta ortografía del alemán. Pero este libro se basaba en el manual usado por los tipógrafos y contenía reglas muy complicadas. Desde la publicación de la obra de Duden se intentó reformar estas reglas y hacerlas más fáciles de aprender, pero el proyecto se encontró con la dificultad de consensuar criterios entre los distintos países de habla alemana.

Los representantes competentes de Alemania —entre 1949 y 1990 de las dos Alemanias—, Austria y Suiza fueron consensuando criterios hasta que finalmente en 1996 se aprobó una reforma pensada para facilitar la correcta escritura del alemán a todos sus hablantes, fueran o no lingüistas. Esta reforma ortográfica fue muy discutida en todos los sectores de la población. Con esta ocasión también se creó el *Rat für deutsche Rechtschreibung* (Consejo para la Ortografía Alemana) que tiene la función de revisar y adaptar la ortografía continuamente, una función parecida a la que ejerce la Real Academia de la Lengua Española (RAE), aunque solo con competencias sobre ortografía.

Las explicaciones que siguen se refieren a las reglas de ortografía vigentes en la actualidad.

78. *Heute essen wir warmes Essen.* ¿Cuándo hay que usar mayúsculas en alemán?

En la mayoría de las lenguas europeas las mayúsculas se usan en dos contextos: al principio de una frase y en nombres propios. El alemán hace lo mismo, pero añade dos casos más: hay que escribir con mayúsculas todos los sustantivos y todos los pronombres que se refieren a una persona a la que el hablante se dirige con *usted*.

Am Montag spiele ich Fußball.	(principio de frase)
Heute fährt Klaus nach Berlin.	(nombres propios)
Meine Mutter ist die beste Köchin der ganzen Welt.	(sustantivos)
Soll ich Ihren Koffer tragen?	(pronombre posesivo referido a *usted*)

El caso que presenta mayor dificultad es el de los sustantivos, porque hay que ser capaz de identificarlos como tales para marcarlos con la mayúscula. Con las normas de ortografía introducidas en 1996 se eliminaron muchos casos en los que resultaba muy difícil reconocer el sustantivo, lo que ha simplificado la aplicación de la norma. Hasta entonces se daban bastantes casos en los que se escribían palabras sin mayúscula, aunque parecían sustantivos, pero que por razones históricas y de evolución del idioma no se escribían con mayúscula, como por ejemplo **im allgemeinen*.

Hoy en día, generalmente, uno se puede guiar por si la palabra lleva un determinante, es decir, un artículo determinado, indeterminado, indefinido, posesivo, demostrativo etc.:

der Mantel	(artículo determinado)
ein Tisch	(artículo indeterminado)
kein Apfel	(artículo negado)
mein Hemd	(artículo posesivo)
dieser Schuh	(artículo demostrativo)
im Allgemeinen	(artículo determinado combinado con preposición)

Esta regla se extiende también a sustantivos compuestos unidos por un guion:

Hühnchenbrust-Kochrezept, Ruder-Meisterschaft, Kopf-an-Kopf-Rennen

Es muy importante escribir los sustantivos con mayúscula, como podemos ver en la siguiente frase:

Heute essen wir warmes Essen.

Escrita con minúscula, la palabra *essen* es un verbo; en cambio, cuando se escribe con mayúscula es un sustantivo. Esto se debe a un caso de derivación de verbo a sustantivo (⇨ 23) y la mayúscula tiene una enorme importancia, ya que ayuda al lector a diferenciar claramente entre verbo y sustantivo, incluso cuando no tienen la misma forma.

Fue durante el Barroco cuando en alemán se empezó a destacar con mayúsculas los sustantivos de un texto; durante un tiempo el inglés, el danés, el noruego y el sueco hicieron lo mismo. Actualmente solo el alemán mantiene esta regla ortográfica, aunque siempre ha habido personas que abogaban por escribir todas las palabras con minúscula incluso a principio de frase y en nombres propios. Pero hay estudios que demuestran que se puede leer más rápido y comprender mejor un texto en el que las palabras que más significado transmiten, es decir, los sustantivos, llevan mayúscula inicial. Con la nueva norma de ortografía del alemán del año 1996, este aspecto se ha simplificado mucho, aunque existen algunos casos en los que sigue siendo difícil reconocer el sustantivo. (Para las reglas concretas sobre la escritura con mayúscula o minúscula ⇨ 82). En estos casos, la nueva norma de la ortografía, por lo general, admite escribirlo tanto con mayúscula como sin ella.

79. *Bier, ziehen, ihm, Kino...* ¿Cómo se representan las vocales largas en la escritura?

Como veremos en el capítulo dedicado a la pronunciación, el alemán diferencia entre vocales largas y cortas (⇨ 88-89). Una persona que aprende alemán necesita saber cuándo una vocal se pronuncia de forma larga y cuándo lo hace de forma corta. Aunque la escritura de las palabras puede darnos pistas para saber si una vocal se pronuncia de forma larga, no se trata de un método uniforme y claro, ya que varía según la vocal.

[a:] Una <a> larga se puede representar en la escritura con doble <aa>:

Staat, Haar, Saal, Waage

[e:] Una <e> larga se puede representar con una doble <ee>:

Tee, See, Meer, Schnee, leer

[o:] Una <o> larga se puede representar con una doble <oo>:

Boot, Zoo, doof, Moor

Esta fórmula se usa en muy pocas palabras, que se pueden aprender de memoria. Sin embargo, para representar una [i:] larga es muy común la escritura con <ie> y se encuentran muchas palabras que la aplican:

vier, Bier, Stier, frieren, studieren, sie, Sieb, genießen

Esta forma de representar el sonido [i:] causa muchos problemas a los estudiantes de alemán, ya que les cuesta mucho acordarse de que, en la combinación <ie>, la <e> no se pronuncia salvo en alguna palabra, como *Familie* o *Knie* en plural.

Sin embargo, sí hay un modo más general de representar la vocal larga en la escritura, y ese es la <h> después de una vocal. En este caso, la <h> no se pronuncia como [h] expirando el aire, por lo que no se oye como sonido aparte; si acaso, se puede decir que se pronuncia porque hace que la vocal anterior sea más larga. Este método funciona para todas las vocales:

[i:]: *ihn, ihm, ihr*
[e:]: *mehr, sehr*
[ɛ:]: *zählen, nähen*
[a:]: *Jahr, fahren*
[y:]: *Mühe, Kühe*
[u:]: *Kuh, Schuh*
[ø:]: *fröhlich, Söhne*
[o:]: *ohne, Sohn*

En el caso de la <i> larga, incluso se puede dar el caso de que se unan las dos formas de alargar la vocal, <ie> y <h>, a la vez, aunque eso no significa que se pronuncie la vocal el doble de larga:

er sieht, anziehen, ausgeliehen, Vieh

Además, todas las vocales pueden pronunciarse como largas aunque no lleven ningún marcador para indicarlo:

[i:]: *Tiger, Kino, Liter*
[e:]: *lesen, Esel*
[ɛ:]: *Käse, Mädchen*
[a:]: *Name, Rat, Straße*
[y:]: *üben, Rüben*
[u:]: *suchen, Kuchen, Fuß*
[ø:]: *hören, stören*
[o:]: *Krone, Soße*

En estos casos lo único que nos puede ayudar a saber que la vocal se pronuncia como larga es el hecho de que generalmente hay un único sonido consonántico después de ella.

En fonética, los diptongos siempre se consideran sonidos de vocal larga, por lo que si un diptongo se escribe con una <h> detrás, esta <h> no alarga la pronunciación del mismo, igual que vimos en el caso de <ie> más <h>. Así, en *leihen,* <eih> se pronuncia de la misma manera que <ei> en *Bein*.

80. *Himmel, Licht, mit...* ¿Cómo se representan las vocales cortas en la escritura?

No hay ningún elemento concreto que marque, en la escritura, si una vocal se pronuncia corta. Solo encontramos una mínima pista, que consiste en que detrás de una vocal corta suele haber dos consonantes iguales en la escritura. Veamos algunos ejemplos:

[ɪ]:	*Himmel, Kissen*	[ʏ]:	*müssen, küssen*
[ɛ]:	*essen, schnell*	[ʊ]:	*summen, Pudding*
[a]:	*Kanne, Blatt*	[œ]:	*können, Löffel*
		[ɔ]:	*kommen, Sonne*

En esta categoría también se encuentra el caso de la <ck>, que se considera una doble <kk>:

Glück, Stück, Rücken, Decke, ticken, Frack, Rock, Socke

y la combinación <tz> que solo se da tras una vocal corta:

Katze, Matratze, Hitze, hetzen, Fetzen, Sitz, sitzen, kitzeln, plötzlich, Mütze

Además tenemos que mencionar el caso de la palabra *Stadt* ('ciudad'). En esta palabra se da la escritura <dt> para marcar una vocal corta, en contraste con la palabra *statt* ('en vez de'), en este caso con <tt>. En ambos casos la doble consonante marca la pronunciación de la vocal como corta.

También se dan situaciones con vocales cortas en las que esta vocal es seguida por dos o más sonidos consonánticos.

[ɪ]:	*Milch, Licht, Bild*	[ʏ]:	*hübsch, Münze, fünf*
[ɛ]:	*echt, Fest, Geschäft*	[ʊ]:	*Schnupfen, Durst, Strumpf*
[a]:	*acht, bald, Hals*	[œ]:	*töpfern, köstlich, zwölf*
		[ɔ]:	*Kopf, Post*

Pero también encontramos ejemplos en los que no hay nada que nos indique si la vocal se pronuncia de forma larga o corta: detrás de la vocal simplemente viene una consonante, por lo que formalmente son iguales que las palabras con vocal larga mencionados en el apartado anterior:

[ɪ]: *mit, bis, Hit, inaktiv, ich*
[ɛ]: *des, es, Esche, Exodus*
[a]: *man, machen, anecken*
[ʏ]: *Küche*
[ʊ]: *Rum, Bus*
[œ]: *Köchin, Frösche*
[ɔ]: *Frosch, Koch, doch*

De todas maneras, hay muchas más palabras en las que una consonante intervocálica va precedida por una vocal larga que por una vocal corta.

Como no siempre está claro si una vocal seguida por una consonante simple se pronuncia de forma larga o corta, es bastante frecuente que los no nativos la pronuncien incorrectamente. Así, es muy habitual escucharles pronunciar el verbo *lesen* ('leer') con vocal corta, como si se escribiera **lessen*, —parecido a *essen* ('comer')—, y el sustantivo *Käse* ('queso') como si se escribiera **Kässe*. En ambos casos, la escritura no da una información clara sobre la pronunciación y los alumnos hispanohablantes tienden en este caso a pronunciarlas como están acostumbrados en español, es decir, con vocal corta, en el caso de *Käse* quizás también por su parecido con el término español.

81. *heißen, Straße, Fuß*... ¿Por qué el alemán usa una letra tan rara?

Esta letra es única y solo se utiliza en alemán. Tiene dos denominaciones en el área de lengua alemana, según la región: *Eszett* o *scharfes S*. Aunque se parece mucho a la letra griega beta (β) o a la <B> latina mayúscula, no tiene nada que ver con ellas. De hecho tiene su origen en la ligadura de las letras <s> y <z> cuando la <s> situada a principio de sílaba e intervocálica se escribía <ſ> —en español denominada «s larga»— y la <z> así: <ʒ>. Al unir estas dos letras surgía la <ß>. En Suiza y en Liechtenstein, sin embargo, el uso de la *Eszett* fue desapareciendo progresivamente entre los años cuarenta y setenta del siglo XX. En su lugar se escribe siempre <ss>, aunque a consecuencia de eso no se puede distinguir, por ejemplo, entre las palabras *Buße* ('penitencia') y *Busse* ('autobuses').

Cuando se usaban máquinas de escribir, la letra <ß> suponía un problema si la máquina utilizada carecía de este carácter. En estos casos era sustituida por <ss>. Hoy en día, con los ordenadores, ya no existe este problema: aunque el teclado no lo tenga, para escribirlo basta con introducir el código ASCII correspondiente (la combinación de teclas alt+225).

Según las nuevas reglas de ortografía de 1996 la <ß> representa el sonido fricativo alveolar sordo [s] detrás de una vocal larga o un diptongo.

Wie heißen Sie? [haɪsən]
In welcher Straße wohnen Sie? [ʃtra:sə]
Wir gehen zu Fuß zur Schule. [fu:s]

Sin embargo, detrás de una vocal corta, este mismo sonido es representado por la doble <ss>:

Er muss heute noch einkaufen. [mʊs]
Der Fluss hatte nicht viel Wasser. [flʊs] – [vasɐ]

Para estudiantes de alemán cuya lengua materna es el español la pronunciación de esta letra con su sonido correcto no presenta mayor problema; sin embargo, por su parecido a la letra griega beta (β) o a la <B> latina mayúscula, los alumnos se confunden y la pronuncian como una [b]:

**Wie heiben Sie?* [haIbən]
**Strabe* [ʃtra:bə]
**Fub* [fu:b]

Esta pronunciación incorrecta es imposible de entender para una persona de lengua alemana.

82. ¿Es correcta la <K> mayúscula en la frase *Der Klügere gibt nach*?

En alemán los sustantivos se escriben con mayúscula (⇨ 78). Por esta razón, una palabra se escribe con mayúscula en el momento en el que se usa como un sustantivo. Esto puede suceder con adjetivos —incluso utilizados en comparativo o superlativo— y participios, muchas veces precedidos por una palabra como *alles, etwas, nichts, viel, wenig* que indican el uso como sustantivo:

> *das Interessante, der Freigesprochene, Folgendes, etwas Interessantes, nichts Wichtiges, das Wesentliche verstehen, zum Besten geben, das Nötigste, der Klügere*

En este caso, los adjetivos y los participios mantienen su declinación según su función en la frase. Sin embargo, los adjetivos y participios se escriben con minúscula si se refieren a un sustantivo mencionado anteriormente:

> *Ich mag alle Kleider sehr. Besonders gut finde ich das rote.* ('Me gustan mucho todos los vestidos. El rojo me parece especialmente bonito.')

Otro grupo de palabras que pasa a menudo a usarse como sustantivo son los verbos. En este caso, se le asigna el género neutro y se escribe con mayúscula (⇨ 26):

> *In der Schule lernt man Lesen und Schreiben.* ('En el colegio se aprende a leer y escribir.')
> *Beim Kuchenbacken höre ich immer Musik.* ('Mientras preparo un bizcocho, siempre escucho música.')

Cuando el verbo no va acompañado por un artículo o una preposición no está del todo claro si se usa como verbo o como sustantivo. Es una cuestión de interpretación, por lo que se puede escribir con mayúscula o con minúscula:

> *Peter lernt (Tango) tanzen. – Peter lernt (das) Tanzen.* ('Peter aprende a bailar.')

También se escriben con mayúscula los pronombres personales y posesivos si están precedidos por un artículo:

> *Ich möchte Ihnen das Du anbieten.* ('Le quiero proponer el tuteo.')
> *Die Katze ist ein Er, es ist ein Kater!* ('La gata es un él, ¡es un gato!')
> *Ich habe das Meine getan, jetzt bist du dran!* ('He hecho mi parte, ¡ahora te toca a ti!')

Las palabras *viel, wenig, (der) eine, (der) andere* se pueden escribir con mayúscula para resaltar su uso como sustantivo, pero generalmente se escriben con minúscula:

> *Die einen räumen auf, die anderen decken den Tisch. – Die Einen räumen auf, die Anderen decken den Tisch.* ('Unos recogen y los otros ponen la mesa.')

En cuanto a los números transcritos con letras, se escriben con minúscula inicial hasta el millón, excepto cuando se usan como sustantivos:

> *Wo ist die Geburtstagskerze mit der Eins?* ('¿Dónde está la vela de cumpleaños con el uno?')
> *Du hast keine Sechs gewürfelt, das war eine Drei!* ('No has sacado un seis, ¡era un tres!')
> *Die ersten Drei bekommen eine Medaille.* ('Los tres primeros se llevan una medalla.')

También se escriben con mayúscula los números ordinales y fraccionarios:

> *Es ist Viertel vor zehn.* ('Son las diez menos cuarto.')
> *Er ist Dritter im Hochsprung.* ('Ha quedado tercero en salto de altura.')

Finalmente, también los adverbios, preposiciones, conjunciones e interjecciones se pueden usar como sustantivos y, por lo tanto, deben escribirse con mayúscula:

> *Das Heute ist wichtiger als das Gestern.* ('El hoy es más importante que el ayer.')
> *Er musste das Für und Wider genau abwägen.* ('Tenía que sopesar exactamente los pros y los contras.')

Gibt es auch ein Aber bei dieser Argumentation? ('¿También hay un pero en la argumentación?')
Man hörte ein allgemeines Weh und Ach. ('Se oía un *¡ay!* y un *¡vaya!* generales.')
Es gibt nur ein Entweder-oder. ('Solo hay un o-o' = solo hay dos alternativas.)

Con la reforma de la ortografía de 1996 se ha simplificado mucho discernir si una palabra que se usa como un sustantivo debe escribirse realmente con mayúscula. Ahora se escriben con mayúscula las palabras que parecen sustantivos por llevar los acompañantes adecuados y, cuando esto no está claro, se admite la escritura con mayúscula o minúscula.

83. *Freitag früh* o *Freitagfrüh*. ¿Cómo se escriben correctamente los distintos momentos del día?

Para referirse a un momento concreto de la semana se pueden juntar los días de la semana y el momento concreto del día. Para eso se indica primero el día y después el momento del día, por ejemplo:

Montag + Vormittag = Montagvormittag
Mittwoch + Nachmittag = Mittwochnachmittag
Sonntag + Abend = Sonntagabend

Cuando se utiliza *am,* estas uniones indican un momento exacto y concreto de la semana:

Wir treffen uns am Freitagnachmittag um 16 Uhr zum Kegeln. ('Nos encontramos el viernes a las 16 horas para jugar a los bolos.')
Meine Eltern gehen am Sonntagvormittag um 10 Uhr in die Kirche. ('Mis padres se van a misa el domingo a las 10 de la mañana.')

En estos casos lo que se hace es juntar dos sustantivos, el día y el momento del día, para formar un nuevo sustantivo. Este se escribe todo junto y con mayúscula inicial, como cualquier palabra compuesta. Pero el tema se complica cuando juntamos adverbios temporales con un día de la semana o un momento del día. Los adverbios temporales que se refieren a un día en relación al día de hoy —*vorgestern, gestern, heute, morgen, übermorgen*— se colocan en el lugar del día de la semana, por lo que se forman los siguientes elementos temporales:

gestern Abend, morgen Vormittag, übermorgen Mittag

Dado que en este caso se junta un adverbio con un sustantivo, se escriben de forma separada, el adverbio con minúscula y el sustantivo con mayúscula, según las reglas de ortografía.

También los días de la semana y los momentos del día se pueden convertir en adverbios temporales, añadiendo una *-s* al final y escribiéndolos con minúscula:

Wir treffen uns freitagnachmittags zum Kegeln. ('Quedamos los viernes por la tarde para jugar a los bolos.')
Meine Eltern gehen sonntagvormittags immer in die Kirche. ('Mis padres siempre van a misa los domingos por la mañana.')

En estos casos no se trata de una cita que se produce un día y momento concretos, sino de un hábito que tiene lugar cierto momento de la semana. También es posible escribir estos adverbios por separado si cada uno de ellos se entiende como un adverbio suelto:

Wir treffen uns freitags nachmittags zum Kegeln.
Meine Eltern gehen sonntags vormittags immer in die Kirche.

Lo referido hasta aquí es el resultado de la reforma de la ortografía de 1996, la cual ha conseguido en este caso que las reglas sean claras. Solamente hay una excepción que sigue dando lugar a muchas discusiones. Se trata de la palabra *früh* ('pronto' o 'la mañana'). El problema surge precisamente por los dos significados que tiene. Si entendemos *früh* como 'pronto' se trata de un adverbio temporal y se escribe separado y con minúscula. Pero si se trata del sinónimo de *Morgen,* habrá que escribirlo con mayúscula por tratarse de un sustantivo que indica un momento del día. Por esta razón se puede escribir tanto *morgen früh* como *morgen Früh*. Sin embargo, *Freitag früh* siempre se escribe separado, por lo que se trata de una excepción.

84. *Angstschweiß*. ¿Por qué en alemán existen estas cadenas de consonantes y cómo se pronuncian?

El alemán no solo es famoso por sus palabras largas sino también porque se pueden encontrar palabras con muchísimas consonantes juntas que parecen impronunciables. Un buen ejemplo para esto es la palabra *Angstschweiß* ('sudor frío'). En esta palabra encontramos ocho consonantes seguidas. Pero la cuestión, en este caso, es si realmente se pronuncian 8 sonidos consonánticos juntos.

La respuesta es no, porque en esta palabra encontramos dos sonidos que se representan en la escritura mediante dos o más consonantes. La grafía <ng> representa el sonido [ŋ] y la grafía <sch> representa el sonido [ʃ], por lo que en realidad hay cinco sonidos consonánticos juntos. Además se trata de una palabra compuesta, formada por *Angst* ('miedo') y *Schweiß* ('sudor'), pues lo cierto es que, en gran parte, esta acumulación de consonantes que se observa en el alemán se debe a la composición de palabras (⇨ 20-27).

Para saber cuántas consonantes pueden estar juntas, en realidad tenemos que centrarnos en la estructura de la sílaba, es decir, saber cuántas consonantes pueden darse en una única sílaba. El mejor ejemplo es *Strumpf* ('media') porque es la palabra alemana que presenta el mayor número de consonantes juntas al principio y al final de una sílaba. Vemos que el núcleo de la sílaba es una vocal, como en todas las sílabas alemanas. Y que el principio y el final de la sílaba pueden tener hasta tres sonidos consonánticos. Pero para que se puedan dar tres sonidos consonánticos, el principio de la sílaba tiene que terminar en una consonante líquida ([r], [l]) o nasal ([m], [n], [ŋ]), y el final tiene que comenzar por uno de estos dos tipos de sonidos de consonante, ya que son más vocálicas que otras consonantes.

Por supuesto, después se pueden formar palabras compuestas como *Strumpfhose*, *Strumpffabrik* o *Strumpfhalter*, pero también se podría juntar con otra sílaba cuyo inicio contenga a su vez tres sonidos consonánticos, por ejemplo *Strumpfstricken* ('punto de aguja de una media'). En esta palabra tenemos la mayor acumulación posible de sonidos de consonante, seis consonantes juntas, pero separadas por una frontera silábica que da la posibilidad de respirar y empezar de nuevo si cuesta demasiado pronunciar la palabra.

De todas maneras es muy raro que se junten tantos sonidos consonánticos en una palabra. Lo más frecuente es que sean uno o dos, tanto en el arranque como en el final de la sílaba. Y si se observan más de seis consonantes juntas se debe a que dos o tres letras juntas pueden representar un único sonido, como por ejemplo en estas palabras:

> *Tschechisch, Schreibtischschublade, Fischgräte, Schwachstelle, Schwälbchen, Schnellschuss, Bettflasche*

Esperamos que después de esta explicación a nadie le vuela a entrar *Angstschweiß* al ver una palabra con tantas consonantes juntas.

85. *Passen Sie doch auf!* ¿Cómo se emplean los signos de puntuación para terminar una frase?

Para terminar una frase en alemán se usan el punto y los signos de cierre de interrogación (?) y de exclamación (!). Lo que no existe en alemán son los signos de apertura de interrogación (¿) y de exclamación (¡), que se utilizan en castellano para indicar el comienzo de la pregunta o de la interjección. Pero, ¿cómo se emplean estos signos de puntuación exactamente? Veamos las reglas.

- **Punto (.)**

El punto indica el final de una frase. Una frase principal solo puede tener un único sujeto y verbo. La palabra que sigue a un punto debe llevar mayúscula inicial para indicar que empieza una frase nueva.

Mein Hund heißt Bello. Bello ist ein Schäferhund und sehr nett.

Se usa también el punto detrás de un número para indicar que se trata de un número ordinal. Si este número está al final de una frase, no se pone otro punto para indicar este final.

Er besucht seine Oma jeden Monat, und zwar immer am 5.

- **Signo de interrogación (?)**

El signo de interrogación indica que una frase es una pregunta y se pone al final de la misma para terminarla. Por lo tanto, después de un signo de interrogación la palabra que sigue debe llevar mayúscula inicial:

Was soll ich dazu sagen? Du weißt doch selbst besser, was du machen sollst.

- **Signo de exclamación (!)**

El signo de exclamación da al enunciado un especial énfasis. Este signo termina la frase y solo se pone al final de la misma, de modo que la palabra que vaya a continuación debe llevar mayúscula inicial:

Achtung! Dein Ärmel hängt in der Suppe!

El signo de exclamación puede ir dentro de una frase entre paréntesis para resaltar especialmente lo dicho:

Er ist mit 150 km pro Stunde (!) durch den Ort gefahren.

Los signos de interrogación y de exclamación se pueden escribir juntos al final de una frase para indicar que la frase es tanto una pregunta como una exclamación:

Warum ist dir das nicht früher eingefallen?!

86. *Friedrich, der kleine Junge, stand auf der Straße, die im Sonnenlicht lag.* ¿Cómo se estructura visualmente una frase?

Para estructurar una frase en alemán se usa sobre todo la coma, pero también se pueden emplear el punto y coma, los dos puntos o la raya. Veamos su uso en detalle.

- ### Coma (,)

La coma separa palabras y grupos de palabras y también segmentos de frases o frases subordinadas del resto de la oración. Se usa para enumerar, para enmarcar información adicional, para separar dos frases principales o frases subordinadas de la principal y para separar grupos de participio o infinitivo. Veamos ejemplos para todos estos casos.

En cuanto a las enumeraciones, se separan con coma los diferentes elementos de la enumeración, exceptuando el último elemento, que se enlaza mediante *und* u *oder*:

Claudia spricht Deutsch, Englisch, Spanisch und Französisch.
Möchten Sie Wein, Bier oder Wasser trinken?

También se usan comas para enmarcar una información adicional:

Dort sitzt Martin, mein Bruder.
Martin, mein Bruder, ist der Torwart von seinem Fußballteam.
Er ist, und das muss ich wirklich hervorheben, eine wunderbare Person.

Asimismo se emplea para separar palabras, grupos de palabras o frases de la misma categoría cuando están unidos por conectores como *aber, denn* o *sondern*:

Ich muss noch aufräumen, aber ich habe keine Lust.
Bitte mach die Fenster zu, denn es soll heute noch regnen.
Er liest kein Buch, sondern eine Zeitung.

En el caso de las oraciones subordinadas, la coma se escribe siempre entre la principal y la subordinada, o entre las oraciones subordinadas en el caso de haber más de una. Solo en el caso en el que las oraciones están vinculadas mediante *und* o *oder* no se pone coma.

Ich gehe ins Bett, wenn ich müde bin.
Als ich 14 Jahre alt war, habe ich Fußball gespielt.
Heute gehe ich nicht spazieren, weil es regnet.
Der Mann, der an der Straße steht, hat einen langen Mantel an.
Mir tut ein Mensch, der, wenn man ihn anspricht, rot wird, leid.
Wenn du mich morgen besuchst, weil du Zeit hast, dann bring bitte deine Geige mit.
Fred findet, dass er eine Pause verdient hat und dass er jetzt nach Hause gehen kann.

Los grupos con participio o adjetivo se separan del resto de la frase cuando son introducidos o retomados por otra palabra, o cuando dan explicaciones sobre algún sustantivo o pronombre al que siguen. En el resto de los casos se puede poner una coma para evitar malentendidos.

Genau so, breit lächelnd und fröhlich, möchte ich sie in Erinnerung behalten.
Sie, die sonst nie besonders auf ihr Äußeres achtete, war wunderhübsch angezogen.
Er stand(,) den Regenschirm in der Hand haltend(,) auf der anderen Straßenseite.

En las frases con infinitivo con *zu*, la coma se usa cuando la frase comienza con *als, anstatt, außer, ohne, statt* o *um*, cuando depende de un sustantivo o cuando es anticipada o retomada por una palabra. En los restantes casos se puede poner la coma para marcar la estructura de la frase o evitar malentendidos.

Du solltest dich beeilen, statt hier rumzutrödeln.
Meine Idee, eine Putzhilfe anzustellen, wurde allseits begrüßt.

Du denkst nie daran, deine schmutzigen Anziehsachen wegzuräumen.
Ich finde es spannend(,) dir beim Basketball zuzusehen.

En general, la coma es un medio para organizar la oración y el autor de un texto tiene bastante libertad para emplearla si cree que tiene que aclarar la estructura de sus frases y evitar malentendidos.

▪ Punto y coma (;)

El punto y coma se usa cuando no se quiere dar la frase enteramente por cerrada, en cuyo caso se utilizaría el punto, pero tampoco dejarla tan abierta como lo haría una coma. En este sentido, se puede decir que es un signo de cierre de grado medio:

In der Mitte des Raumes war ein Tisch; auf dem Tisch stand eine Vase mit Blumen.

Además, se puede usar para separar entre sí grupos de palabras en una enumeración.

In dem Koffer waren Schuhe und Strümpfe; Mütze, Schal und Handschuhe; Blusen und Pullover; Hosen, Röcke und Kleider.

▪ Dos puntos (:)

Los dos puntos se emplean para indicar que a continuación se va a detallar y añadir información relevante sobre lo que se acaba de decir. Si el detalle o la información añadida se expresa en una frase completa con sujeto y verbo, la palabra que sigue después de los dos puntos se escribe con mayúscula inicial. Sin embargo, si lo añadido es una o varias palabras que no forman una frase, la palabra siguiente se escribe con minúscula:

Außerdem informieren wir Sie über Folgendes: Heute Abend findet das Konzert in der großen Halle statt.

Das Kind hatte folgende Kleidung an: eine Hose, ein T-Shirt und ein Paar rote Sandalen.

También se usan los dos puntos para indicar que empieza una cita literal:

Meine Mutter sagte: „Komm nicht so spät heim heute Abend!“

▪ Raya (–)

La raya, en alemán *Gedankenstrich* —cuya traducción literal sería 'raya para pensar'—, tiene precisamente esa función, la de marcar en una frase una clara pausa como para pensar lo que se va a decir a continuación, como si se tratara de una frase hablada. Cabe destacar que la raya es algo más larga que un guion y que va entre dos espacios en blanco y no pegada a ninguna palabra. En su lugar se puede usar también una coma o dos puntos.

Concretamente la raya señala que a continuación sucede algo inesperado:

Dann – ein aufblitzendes Licht!
Dann, ein aufblitzendes Licht!
Dann: ein aufblitzendes Licht!

También puede indicar el cambio de tema:

Auf dem Herd steht das Mittagessen. – Hast du heute Brot gekauft?

A parte de la función de marcar una pausa, se pueden emplear dos rayas. En este caso se usan para enmarcar un inciso. También se podría usar dos comas o paréntesis:

Der Sänger – ein bekannter Teenager-Star – wurde vom Publikum mit Spannung erwartet.
Der Sänger, ein bekannter Teenager-Star, wurde vom Publikum mit Spannung erwartet.
Der Sänger (ein bekannter Teenager-Star) wurde vom Publikum mit Spannung erwartet.

87. *Mutter sagte zu mir immer: „Behandle alle Menschen mit Respekt!"* ¿Cómo son las comillas en alemán y qué usos tienen?

En alemán se emplean las comillas altas, aunque no de forma simétrica, ya que las comillas de apertura se escriben siempre abajo („) mientras que las de cierre se escriben arriba ("):

„Ich finde deinen Pullover schön."

Se usan para marcar frases en estilo directo, citas y para resaltar palabras concretas. Veamos estos tres casos con más detalle.

En primer lugar indican que lo que encierran es una frase de estilo directo, algo que alguien dice o piensa:

Andrea sagte: „Morgen kommt meine Freundin um vier zu Besuch. Bist du dann schon zu Hause?" – „Nein", antwortete Martin, „ich habe morgen noch eine Besprechung und komme erst gegen sechs nach Hause."

En segundo lugar, las comillas se emplean para enmarcar una cita literal de un libro o artículo que otra persona ha escrito. Este tipo de uso se encuentra muy a menudo en textos científicos para resaltar las palabras que no son del autor del texto:

Und wie Goethe sagte: „Mit dem Wissen wächst der Zweifel." (Goethes Werke: Vollständige Ausgabe letzter Hand. Bd. 49. Verlag J. G. Cotta: 1833. S. 71.)

Las comillas se usan también para enmarcar determinadas palabras o grupos de palabras que se quiere destacar de algún modo dentro del enunciado como, por ejemplo, indicar que tienen un matiz especial, que se dicen con carácter irónico, etc. Se utilizan asimismo para destacar los títulos de publicaciones o de otro tipo de obras:

Das Sprichwort „Morgenstund' hat Gold im Mund" ist nicht von mir erfunden worden.

Mein Freund hat „nur“ den zweiten Platz im Schwimmwettbewerb belegt.
Günter Grass veröffentlichte den Roman „Die Blechtrommel“, als er 32 Jahre alt war.

Si se tienen que usar comillas dentro de otras comillas, para las externas se utilizan las dobles („ “) y para las internas las simples (‚ ‘):

Sie sagte: „Morgen gehe ich ins Kino und sehe mir ‚Harry Potter‘ an.“

Dudas sobre pronunciación

La pronunciación del alemán no difiere mucho de la del castellano, de modo que una persona que no sabe alemán puede leer en voz alta un texto en este idioma de forma casi comprensible. Sin embargo, hay algunas combinaciones de letras o sonidos que precisan una explicación más detallada y, sobre todo, el sistema vocálico del alemán es mucho más complejo que el del español, por lo que es necesario conocer las diferencias.

En el esquema siguiente se muestran los puntos de la cavidad bucal que intervienen en la articulación y pronunciación de los distintos sonidos que se explican en este apartado del libro:

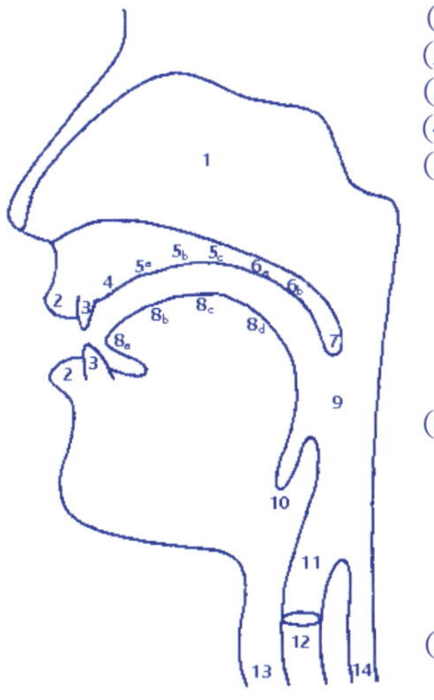

(1) Cavidad nasal
(2) Labios
(3) Dientes
(4) Alvéolos
(5) Paladar duro
 5_a zona prepalatal
 5_b zona mediopalatal
 5_c zona pospalatal
(6) Paladar blando / velo
 6_a zona velar anterior
 6_b zona velar posterior
(7) Úvula
(8) Lengua
 8_a ápice
 8_b predorso
 8_c dorso
 8_d posdorso
(9) Faringe
(10) Epiglotis
(11) Tráquea
(12) Glotis
(13) Laringe
(14) Esófago

Para su explicación, y según las normas lingüísticas, las grafías se marcan entre diples o corchetes angulares <x> y las transcripciones fonéticas entre corchetes rectangulares [x], por lo que <Haus> indica cómo se escribe una palabra y [haus] cómo se pronuncia.

88. ¿Por qué *leben* y *lieben* suenan tan parecido?

El alemán tiene ocho fonemas de vocales largas, es decir sonidos que hacen que dos palabras no signifiquen lo mismo. Por ejemplo, las palabras *Stadt* ('ciudad') y *Staat* ('estado') se distinguen solo porque una contiene una [a] corta y la otra una [a:] larga: [ʃtat] – [ʃta:t]. Esta prueba muestra que [a] y [a:] son fonemas.

Según el punto en el que se pronuncia una vocal respecto a la posición de la lengua en la cavidad bucal se diferencia entre vocales anteriores y posteriores; según el grado de apertura de la boca entre vocales cerradas, semicerradas, semiabiertas y abiertas; finalmente, en función de la forma que adoptan los labios al pronunciarlas, se distingue entre redondeadas y no redondeadas. De forma esquemática, las vocales largas se pueden representar de esta manera:

	anterior		**posterior**
	no-redondeada	**redondeada**	
cerrada	[i:]	[y:]	[u:]
semicerrada	[e:]	[ø:]	[o:]
semiabierta	[ɛ:]		
abierta	[a:]		

Cabe destacar que en alemán son las vocales largas las que se pronuncian más cerradas: estas se marcan con dos puntos en la transcripción fonética [:]. Excepto la vocal <a>, cuya variante larga es más cerrada que la variante corta. Por eso un hispanohablante tiene dificultad en reconocer el sonido [e:] como una <e> y no una <i>, ya que el grado de cierre de la [e:] larga se acerca tanto a la [i] española que parece el mismo sonido. Por esta razón, los hispanohablantes tienen cierta dificultad a la hora de deletrear, ya que varias consonantes del alfabeto alemán contienen la [e:] en sus nombres:

B = [be:] / C = [tse:] / D = [de:] / G = [ge:] / P = [pe:] / T = [te:] / W = [ve:]

Una pareja de palabras que ilustra muy bien este fenómeno es la que forman los verbos *leben* ('vivir') y *lieben* ('amar'):

[le:bən] [li:bən]

Cuando un hispanohablante oye [le:bən], entiende más bien el verbo *lieben* y solo puede distinguirlos si escucha las dos palabras juntas.

89. *Stadt – Staat.* ¿Por qué es importante diferenciar bien la pronunciación de una vocal larga de la de una corta?

En alemán existen siete fonemas de vocales cortas. Al igual que en las vocales largas, en las cortas se distinguen vocales anteriores y posteriores (según la posición de la lengua al pronunciar el sonido), vocales cerradas, centrales y abiertas (según el grado de apertura de la boca) y vocales redondeadas y no redondeadas (según la forma que adoptan los labios). El esquema de las vocales cortas sería este:

	anterior		**posterior**
	no redondeada	**redondeada**	
(casi) cerrada	[ɪ]	[ʏ]	[ʊ]
central (semiabierta)	[ɛ]	[œ]	[ɔ]
abierta	[a]		

Dado que en las vocales cortas solo existen tres grados de apertura, se suele hablar de vocales cerradas y centrales, pero lo cierto es que las cerradas son casi cerradas y en las centrales se trata de la variante corta de la vocal semiabierta [ɛ:] larga y de las vocales semiabiertas cortas [œ] y [ɔ]. Además, con esto vemos claramente que la característica de vocal corta está directamente vinculada a una pronunciación más abierta, excepto en la <a>.

Por lo tanto, casi todos los sonidos vocálicos tienen una variante larga más cerrada y otra variante corta más abierta, lo cual también se refleja en los símbolos fonéticos:

[i:] – [ɪ]	*lieben – Lippen*	[y:] – [ʏ]	*Mühe – Mücke*
[e:]/[ɛ:] – [ɛ]	*sehr – Käse – Herr*	[u:] – [ʊ]	*Uhr – rund*
[ø:] – [œ]	*schön – köstlich*	[o:] – [ɔ]	*Mond – Sonne*

Solo las variantes largas y cortas de la <a> no tienen diferente grado de apertura de la boca, por lo que el símbolo fonético es el mismo:

[a:] – [a] *Nase – Fass*

Para un hispanohablante no es difícil distinguir las vocales largas y cortas cuando las escucha pronunciar, pero no le da importancia porque en español la pronunciación larga o corta de una vocal no tiene influencia en el significado de las palabras. No existen parejas como las de *Stadt* y *Staat* (⇨ 88), en las que la diferencia de significado se transmite por la duración del vocal. Lo que sí cuesta es saber pronunciar las vocales largas y, sobre todo, saber en qué palabras hay que pronunciar una vocal larga o corta (⇨ 79 y 80).

90. ¿Por qué las palabras *nein* y *neun* se confunden tan fácilmente?

En alemán hay tres diptongos, es decir, tres combinaciones de dos sonidos vocálicos en una misma sílaba. Estos diptongos son:

[aɪ], escrito <ei> o <ai>
[aʊ], escrito <au>
[ɔʏ], escrito <eu> o <äu>

Los tres diptongos son diptongos decrecientes, lo cual significa que la primera vocal es una vocal más abierta que la segunda.

Los diptongos [aɪ], [aʊ] y [ɔʏ] existen también en español, por ejemplo, en las palabras *bailar*, *causar* y *tabloide*. La escritura del español marca claramente su pronunciación, pero en alemán, salvo en el diptongo <au> y <ai>, la escritura de la palabra no ayuda para pronunciarlo correctamente. Requiere bastante trabajo y práctica relacionar la escritura <ei> con el sonido [aɪ] y las escrituras <eu> y <äu> con el sonido [ɔʏ].

Algunos ejemplos de diptongos son:

[aɪ]: *mein, dein, heißen, reisen, ich weiß, Bein, reiten, beide, Mais, Reis, Mai, nein, kein*
[aʊ]: *Haus, Baum, Maus, Raum, ausmachen, aufmachen, raufklettern, Hausaufgabe, außerdem*
[ɔʏ]: *Häuser, Bäume, Mäuse, Räume, heute, Leute, neu, feucht, häufig, äußern, neun, Beutel*

La pareja de palabras *nein* y *neun* muestra muy bien los problemas que se pueden derivar de una pronunciación incorrecta. *Nein* significa 'no' y *neun* 'nueve' y, aunque el significado de estas dos palabras sea muy diferente, lo cierto es que son confundidas entre sí con mucha frecuencia.

91. ¿Cómo se pronuncian los llamados *Umlaute* <ä>, <ö>, <ü>?

En alemán hay tres *Umlaute*, que se marcan con la diéresis sobre las vocales <a>, <o> y <u>. La diéresis indica que se pronuncian de forma diferente a la vocal correspondiente sin diéresis. En las vocales <o> y <u> la diéresis hace que la vocal se pronuncie redondeada, en la vocal <a> provoca que se pronuncie algo más cerrada.

- El ***Umlaut*** **<ü>** se pronuncia como una vocal cerrada anterior redondeada: [y:] o [ʏ]. Para pronunciarla, lo más fácil es empezar pronunciando una <i> y después redondear los labios como para decir una <u>, sin cambiar la posición de la lengua.
- El ***Umlaut*** **<ö>** es una vocal intermedia anterior redondeada: [ø:] o [œ]. Lo más fácil para pronunciar esta vocal es, de modo parecido a como vimos para la <ü>, empezar pronunciando una <e> y después redondear los labios como para decir una <o>. Tampoco se debe cambiar la posición de la lengua.
- El ***Umlaut*** **<ä>** se pronuncia, sin embargo, como una <e> abierta [ɛ:]/[ɛ], más cerrada que una <a>.

Estos tres sonidos existen en una variante larga y una variante corta, y este rasgo está vinculado, al igual que en los demás fonemas vocálicos, con una pronunciación más cerrada o más abierta.

Algunos ejemplos:

> *über* [y:] 'sobre' – *hübsch* [ʏ] 'bello'
> *schön* [ø:] 'bonito' – *können* [œ] 'saber, poder'
> *Käse* [ɛ:] 'queso' – *Hände* [ɛ] 'manos'

92. ¿Por qué la <e> a final de palabra a veces se pronuncia y a veces no?

En las dudas 88-91 hemos hablado siempre de vocales tónicas. La vocal <e> a final de palabra es una vocal átona y se trata de una vocal neutral que se pronuncia de forma media central y se transcribe con el símbolo [ə]. Esta vocal se llama *Schwa*, denominación original del hebreo que denomina el símbolo vocálico de una <e> átona.

En alemán una <e> átona se pronuncia generalmente con este sonido, tanto a final de palabra como en otras posiciones dentro de la palabra cuando la sílaba no está acentuada.

Ejemplos:

bekommen	[bəkɔmən]
angekommen	[angəkɔmən]
sehen	[ze:ən]
(ich) möchte	[mø:çtə]
Beutel	[bɔʏtəl]

Dado que esta vocal es átona y de una pronunciación no muy marcada, tiene tendencia a desaparecer en un contexto familiar, en variantes regionales o cuando se habla rápidamente sin cuidar la pronunciación clara. Entonces este sonido enmudece y la consonante que sigue se pronuncia de forma silábica, dando lugar a esta pronunciación:

sehen	[ze:n̩]
(ich) möchte	[mø:çt]
Beutel	[bɔʏtl̩]

En combinación con una <m> incluso puede desaparecer toda la sílaba final:

bekommen	[bəkɔm̩]
angekommen	[angəkɔm̩]

93. ¿Se puede pronunciar la <r> en alemán como en castellano?

En alemán hay dos variantes de pronunciación de la consonante <r>: la variante gutural y la alveolar. El uso de cada una de ellas depende de la región en la que uno se encuentra, siendo la variante gutural usada mayoritariamente en el alemán estándar y la variante alveolar en el lenguaje regional del noroeste y sureste de Alemania, en Austria y en Suiza.

La <r> gutural es mayoritariamente uvular, a veces velar o glotal, y se produce cortando el flujo del aire mediante una vibración. Se transcribe con el símbolo fonético [ʀ] y es la variante que a los hispanohablantes les cuesta pronunciar. La <r> alveolar también es una vibración, pero se produce con el ápice de la lengua. El símbolo fonético es este: [r]. Esta es la variante que se corresponde con la pronunciación de la <r> en castellano.

Estas pronunciaciones que acabamos de explicar se refieren a la pronunciación de la <r> a principio de sílaba. Al final de sílaba la <r> se pronuncia de forma vocálica con un *Schwa* abierto, es decir, una vocal central abierta. Este sonido se transcribe [ɐ]. Una <r> intervocálica se pronuncia como una <r> al principio de palabra, pero menos fuerte. Así que la pronunciación de la <r> varía según su posición dentro de la palabra y la zona de procedencia del hablante.

Ejemplos:

- A principio de palabra o sílaba con pronunciación fuerte gutural o alveolar:

  Regen [re:gən] o [ʀe:gən]
  Rose [ro:zə] o [ʀo:zə]
  raten [ra:tən] o [ʀa:tən]
  beraten [bəra:tən] o [bəʀa:tən]

- Intervocálica con pronunciación menos fuerte:

  Tore [to:rə] o [to:ʀə]
  fahren [fa:rən] o [fa:ʀən]

- A final de palabra o sílaba con pronunciación [ɐ]:

  erinnern [ɛɐʔɪnəɐn]
  verreisen [fɛɐraɪzən]
  der [dɛɐ]
  Vater [fa:tɐ]
  Mutter [mʊtɐ]

94. ¿Por qué la <ch> se pronuncia de forma distinta en *sprechen* y en *suchen*?

Para la combinación de letras <ch> existen dos pronunciaciones posibles: los llamados *ich-Laut,* sonido de *ich,* y *ach-Laut,* sonido de *ach.* Ambos son sonidos fricativos sordos, se pronuncian sin añadir el timbre de la voz. El sonido de *ich* es prepaladar mediodorsal, es decir que se pronuncia en el prepaladar, con el dorso a mitad de la lengua, y se transcribe con el símbolo [ç]. El sonido de *ach* es velar postdorsal, por lo que se pronuncia con una fricación entre el velo y la parte postdorsal de la lengua, y se transcribe con el símbolo [x].

La combinación <ch> se pronuncia como [ç] o [x] en función del contexto en el que se encuentre o, dicho de otra manera, de los sonidos que la rodeen.

El sonido de *ich* se pronuncia detrás de las vocales anteriores, es decir detrás de:

<i> *kriechen, ich*
<e> *sprechen, Becher*
<ü> *Flüche, Küche*
<ö> *möchte, Köche*
<ä> *Gespräch*

y también detrás de los diptongos que terminan en vocales anteriores:

<ei> *reich*
<eu> + <äu> *euch, Bräuche*

También se pronuncia este sonido detrás de:

<l> *Milch*
<n> *manchmal*
<r> *durch*

y en la terminación diminutiva

<chen> *Mädchen*

El sonido de *ach* sin embargo se pronuncia detrás de vocales posteriores, es decir detrás de:

<u> *suchen, Buchtel*
<o> *malochen, kochen*
<a> *nach, machen*

La pronunciación de <ch> como [ç] o [x] no provoca problemas a la hora de entender correctamente una palabra, porque no conlleva un cambio de significado de la misma. Por lo tanto, los sonidos [ç] y [x] no son fonemas sino alófonos, igual que las dos variantes de pronunciar la <d> en español: como [d] explosiva (parecido a la forma en que un catalán pronuncia la *-d* final de la palabra *Madrid*) o [ð] fricativa (como lo hace un madrileño). Aunque la palabra se entienda, suena raro utilizar la variante equivocada.

95. En las combinaciones de letras <sp> y <st>, ¿cuándo se pronuncia como <sch> la <s>?

En las combinaciones de letras <sch>, <sp> y <st> encontramos siempre el mismo sonido que estas tres combinaciones tienen en común: el sonido fricativo sordo [ʃ], que se pronuncia entre el prepaladar y la punta de la lengua (coronal). Además, se combina con el redondeo de los labios.

Generalmente este sonido se representa mediante la combinación de letras <sch>, que se puede encontrar en posición inicial, intermedia o final de palabra:

Schule, schneiden, schreiben, beschreiben, anschauen, Englisch, Spanisch

Sin embargo, también se pronuncia de esta manera la letra <s> cuando se encuentra en combinación con la letra <p> o <t>, pero solo cuando está situada a principio de sílaba:

Spanien, Spiel, Sport, Speck, sprechen, sparen, springen, versprechen, ersparen, Beispiel
Student, Stunde, Stuhl, starten, stimmen, Strecke, Storch, vorstellen, bestehlen, aussteigen

Sin embargo, si la combinación <sp> o <st> se encuentra entre dos vocales o a final de sílaba, la <s> se pronuncia como una fricativa sorda [s].

verhaspeln, raspeln, lispeln
Post, Pfosten, Mast, hasten, Last, Rest, Nest, Kasten, Most

96. ¿Por qué en las parejas *halb* y *halbe* o *König* y *Könige* la <b> y la <g> no se pronuncian igual?

Las letras <b>/<p>, <d>/<t>, <g>/<k> son consonantes oclusivas, es decir, se produce una oclusión total en la boca que se abre de golpe produciendo el sonido. Las consonantes oclusivas forman parejas de variante sorda y sonora, es decir sin voz o con voz.

- <b>/<p> se pronuncian de forma bilabial, creando una oclusión completa con los dos labios y abriéndola en una pequeña explosión. Su transcripción es [b] para la variante sonora y [p] para la variante sorda.
- <d>/<t> tienen una pronunciación dentoalveolar coronal, es decir la oclusión se produce entre el ápice de la lengua y la parte de la boca donde se unen los dientes y los alvéolos. El símbolo [d] representa la variante sonora y [t], la variante sorda.
- El lugar de la oclusión para pronunciar las consonantes <g>/<k> es postpalatal-velar con el postdorso de la lengua. La variante sonora se transcribe [g] y la variante sorda [k].

Cabe destacar que en alemán las variantes sordas de estas consonantes oclusivas, [p], [t] y [k], siempre están aspiradas, lo que significa que la apertura después de la oclusión en la que se produce el sonido va acompañada con un poco de aire expulsado de los pulmones. Dado que es un rasgo unido a todas las consonantes sordas oclusivas en alemán, no se suele representar en la transcripción fonética, aunque deberían transcribirse siempre [p^h], [t^h] y [k^h].

Si comparamos la pronunciación de estas oclusivas sordas con el español, la aspiración es lo que claramente marca la diferencia entre los dos idiomas, ya que en español no se aspiran.

Para practicar la aspiración se puede poner una hoja de papel fina o la llama de una vela encendida delante de la boca.

Pronunciando cualquiera de estas consonantes oclusivas sordas a la española, la hoja o la llama no se moverán, sin embargo pronunciándolas a la alemana sí deberían moverse.

En este apartado hemos supuesto que la correspondencia entre letra y sonido es unívoca, pero hay que destacar que cada uno de estos sonidos puede tener diferentes formas de representación en la escritura:

- Oclusivas sordas:

  [p] <p>, <pp>, <b> *Paket, Gruppe, halb*
  [t] <t>, <tt>, <th>, <dt>, <d> *Tee, Bett, Theater, Stadt, und*
  [k] <k>, <ck>, <g> *Küche, Rücken, Tag*

- Oclusivas sonoras:

  [b] <b>, <bb> *Bus, Hobby*
  [d] <d>, <dd> *Dach, knuddeln*
  [g] <g>, <gg> *groß, Bagger*

Puede sorprender que los sonidos oclusivos sordos también estén representados por las letras <b>, <d> y <g>. Esto se debe al fenónemo llamado *Auslautverhärtung* que se refiere a que una consonante oclusiva sonora pierde la sonoridad y se convierte en su variante sorda al final de palabra. En alemán se produce siempre y con la correspondiente aspiración. Sin embargo, si la consonante oclusiva sonora ya no está a final de la palabra —por ejemplo, por alguna razón de flexión—, vuelve a pronunciarse sonora:

con *Auslautverhärtung*	**sin *Auslaufverhärtung***
halb [halp]: *Es ist halb acht.*	*halbe* [halbə]: *eine halbe Orange*
Hand [hant]: *Meine Hand tut weh.*	*Hände* [hɛ:ndə]: *Zum Gruß schüttelt man sich in Deutschland gegenseitig die Hände.*
Tag [ta:k]: *Guten Tag!*	*Tage* [ta:gə]: *Die Reise dauert drei Tage.*

Una pronunciación incorrecta de las consonantes oclusivas al final de palabra puede llevar a problemas de comunicación, como en el siguiente ejemplo:

> *mag* [ma:k]: *Ich mag Pizza.*

Con una pronunciación fricativa del verbo *mögen* conjugado el receptor del mensaje puede oír fácilmente el verbo *machen*: *Ich mach(e) Pizza*. Entonces el mensaje sería en vez de «Me gusta la pizza» el de «Yo preparo una pizza». Esto llevaría claramente a un malentendido.

Un fenómeno parecido a la *Auslautverhärtung* se observa en la terminación <-ig>. Según hemos visto, esta terminación se debería pronunciar [ik], es decir terminar en una consonante oclusiva sorda. Esta pronunciación se encuentra en variantes regionales del sur de Alemania, Austria y Suiza, pero en el alemán estándar la terminación <-ig> —es decir, la combinación de <g> precedida por una <i> a final de palabra— se pronuncia de manera diferente a lo que uno podría esperar. La <g> en este caso se pronuncia como una <ch> en combinación con una <i>, es decir con el *ich-Laut* (⇨ 94). Esta pronunciación solo se da cuando <-ig> se encuentra a final de palabra. Cuando deja de estar al final de la palabra por añadir una terminación de declinación, por ejemplo, la <g> se pronuncia como una consonante oclusiva sonora.

Ejemplos:

> *König* [kø:nɪç] – *Könige* [kø:nɪgə]
> *fünfzig* [fʏnftzɪç] – *fünfziger Jahre* [fʏnftsɪgɐ]
> *farbig* [farbɪç] – *farbige* [farbɪgə]

Cabe destacar que, en este caso, la ortografía puede ser algo complicada si contrastamos las palabras *fröhlich* y *farbig*, porque la pronunciación de estas dos palabras al final es la misma, pero no se escriben igual:

> *fröhlich* [frø:lɪç] – *farbig* [farbɪç]

Para determinar si la terminación de la palabra se escribe con <-ich> o con <-ig> hay que añadir una terminación de conjugación. Si se mantiene la pronunciación de [ɪç] se escribe con <ch>:

> *fröhliche Kinder* [frø:lɪçə] – *farbige Kleidung* [farbɪgə]

97. ¿Por qué no se me entiende si no pronuncio bien la <qu> en *überqueren*?

La pronunciación de este grupo de letras difiere mucho entre el español y el alemán. Mientras que en español se pronuncia como un único sonido, [k], en alemán se pronuncia con una combinación de dos sonidos, [kv]. La dificultad consiste en que los dos sonidos se pronuncian seguidos, sin vocal intermedia; sin embargo, no se pronuncian en el mismo lugar. El sonido consonántico [k] es oclusivo postpalatal-velar y postdorsal, [v] es una fricativa labiodental. O dicho de otra manera, [k] se pronuncia muy atrás y [v] muy delante, y cuesta alcanzar los dos puntos de articulación tan seguidamente como es preciso. Por eso es difícil pronunciarlo y requiere mucha práctica.

La buena noticia es que esta combinación no existe en muchas palabras. Las más frecuentes son:

> *bequem* [bə'kve:m]
> *überqueren* [y:bɐ'kve:rən]
> *Quelle* [kvɛlə]

Por otro lado, una pronunciación errónea de esta combinación de consonantes hace imposible que el oyente entienda la palabra. De hecho, dos de los tres ejemplos pronunciados a la española se convierten en otras palabras diferentes:

> *überqueren* [y:bɐ'kve:rən] 'cruzar la calle' → *überkehren* ['y:bɐke:rən] 'pasar con el cepillo para limpiar'
> *Quelle* [kvɛlə] 'fuente natural de agua' → *Kelle* [kɛlə] 'cazo'

Por lo expuesto en este apartado es muy importante practicar esta combinación de consonantes hasta alcanzar una pronunciación comprensible.

98. ¿Cómo se pronuncian las palabras *Pferd*, *Zahl* y *Deutsch*?

Al hablar de la pronunciación de las consonantes <pf>, <z> y <tsch> tenemos que explicar lo que es una consonante africada. Se trata de la pronunciación de una consonante oclusiva que se abre en una fricación en el mismo lugar en el que se ha producido la oclusión anterior. La pronunciación de estos dos sonidos se hace de manera muy seguida. Se comportan como un único fonema, es decir, que existen palabras que cambian de significado cuando se cambia la consonante africada por otro sonido de consonante:

Pferd [p͡fe:ɐd] – *Herd* [he:ɐd]
Zahl [t͡sa:l] – *Tal* [ta:l]

Por lo tanto, una consonante africada se considera un único fonema aunque sean dos sonidos. Por esta razón, la transcripción de las consonantes africadas se une a veces con un arco sobre los dos símbolos que representan los sonidos.

En alemán existen dos consonantes africadas: [p͡f] y [t͡s].

- El sonido [p͡f] es representado en la escritura por las dos letras que representan los respectivos sonidos por separado, <pf>. Algunos ejemplos:

  Pferd [p͡fe:ɐd]
  pflegen [p͡fle:gən]
  zapfen [t͡sap͡fən]
  Napf [nap͡f]

- La consonante africada [t͡s] se puede encontrar representada por la letra <z>, las combinaciones de letras <tz> y <ts> y en la terminación <-tion> por la letra <t>.

Ejemplos:

Zahl [t͡sa:l]
Katze [kat͡sə]
Geburtstag [gə'bʊɐt͡sta:k]
Information [Infɔɐma't͡sɪo:n]

La combinación de letras <tsch>, pronunciada [t͡ʃ], no es una consonante africada propiamente dicha, porque la fricación que sigue a la [t] no se pronuncia exactamente en el mismo lugar que la [t]. Sin embargo, la fricación [ʃ] se produce solo un poco detrás de la [t], por lo que algunos lingüistas sí la consideran una consonante africada. En todo caso se realiza de la misma manera que las consonantes africadas, dando lugar primero a una oclusión que se abre después en una fricativa en casi el mismo punto de articulación. En la escritura se representa con la combinación de letras <tsch>. Ejemplos:

Deutsch [dɔʏt͡ʃ]
Tschechisch [t͡ʃɛçɪʃ]
matschen [mat͡ʃən]

Las dos consonantes africadas y la combinación <tsch> son mucho más fáciles de pronunciar que la combinación <qu>, que hemos visto en la duda anterior (⇨ 97), porque los dos sonidos que las componen se pronuncian en el mismo lugar y de forma prácticamente automática al abrir la oclusión.

99. ¿Cuál es la diferencia entre *wir*, *vier* y *Bier*?

En la escritura, la diferencia entre estas tres palabras está muy clara: la consonante inicial es distinta en cada caso y también varía la escritura de las vocales, de la <i> simple a la combinación <ie>. Pero, en lo que respecta a su pronunciación, estas tres palabras son casi iguales, solo se diferencian por el primer sonido.

wir [viːɐ] ('nosotros')
vier [fiːɐ] ('cuatro')
Bier [biːɐ] ('cerveza')

Lo interesante de este ejemplo es que las tres palabras representan una de las tres correspondencias entre letra escrita y sonido pronunciado que más le puede costar a un hispanohablante.

La pronunciación de la letra <w> presenta problemas para un hispanohablante porque el sonido correspondiente no existe en español. En alemán la <w> se pronuncia de forma labiodental fricativa sonora, es decir igual que la <f>, pero con voz [v]. Un hispanohablante, sin embargo, tiende a pronuncia la <w> como una <b>, oclusiva o fricativa bilabial, [b] o [ƀ]. Esto puede llevar a muchos malentendidos o la imposibilidad de comprensión por parte del receptor del mensaje.

Veamos algún ejemplo:

ich weiß [ɪç'vaɪs] ('lo sé') – *ich beiß(e)* [ɪç'baɪs] ('muerdo')
Wein [vaɪn] ('vino') – *Bein* [baɪn] ('pierna')
Weste [vɛstə] ('chaleco') – *(der) beste* [bɛstə] ('[el] mejor')
Werk [vɛɐk] ('fábrica') – *Berg* [bɛɐk] ('montaña')
winden [vɪndən] ('retorcerse') – *binden* [bɪndən] ('atar algo')

Podemos comprobar que hay muchos casos en los que, según se pronuncien como [v] o [b], el significado de las palabras cambia. En muchas ocasiones el contexto ayudará a evitar el malentendido, pero por lo menos se producirá un momento en el que el receptor no sepa de qué está hablando el emisor, lo cual frenará la conversación.

La pronunciación de la <v> también es un reto para un hispanohablante porque la pronunciación influenciada por el castellano sería una [b] o [ƀ], por lo que al intentar decir *vier* diría *Bier*. Pero en alemán la pronunciación de la letra <v> es en la mayoría de los casos la de una <f>, es decir [f]. Por regla general en los prefijos *ver-* y *vor-* la <v> se pronuncia como [f], y es con estos dos prefijos cuando más a menudo aparece la letra <v>:

versuchen [vɛɐ'su:xən]
verkaufen [vɛɐ'kaʊfən]
vergessen [vɛɐ'gɛsən]
vorstellen ['vo:ɐʃtɛlən]
vorsprechen ['vo:ɐʃprɛçən]
vormachen ['vo:ɐmaxən]

También en *Vater* ('padre') la <v> se pronuncia como una [f] y no como una [b]. Esta pronunciación produciría la palabra española *váter*.

Volviendo al principio de la pregunta, la combinación de *wir*, *vier* y *Bier* es un buen método para practicar precisamente la diferencia entre estos tres sonidos, y aún mejor en esta frase:

Wir möchten vier Bier. ('Queremos cuatro cervezas.')

100. ¿Cómo se acentúan las palabras *Erde*, *Erdbeermarmelade*, *einkaufen* y *verkaufen*?

En alemán el acento es dinámico, lo cual significa que la sílaba que lleva el acento se pronuncia con más intensidad y de forma más clara. En la escritura no se usa la tilde para marcar el acento que lleva una sílaba en una palabra concreta. Por esta razón no siempre es fácil saber cómo se acentúan las palabras alemanas.

Como regla general, las palabras alemanas de dos o más sílabas se acentúan en la sílaba de la raíz.

Vater, Mutter, Bruder, Schwester, Brücke, Kellner, Erde, Blume; Hose, Socke, Mütze

Aparte de esta regla, existen las siguientes excepciones que examinaremos a continuación:

- Palabras compuestas.
- Verbos con prefijo separable o palabras derivadas de ellos.

– Verbos con prefijo no separable o palabras derivadas de ellos.
– Extranjerismos.
– Las terminaciones *-ei* e *-ion*.

- **Palabras compuestas.** Las palabras compuestas se acentúan en la primera sílaba, acentuando así la parte de la palabra que define el significado concreto de la palabra compuesta:

Hausfrau, Kindergarten, Blumenbeet, Schlossgarten, Erdgeschoss, Erdbeermarmelade

- **Verbos con prefijo separable o palabras derivadas de ellos.** Los verbos separables son reconocibles porque se acentúan siempre en el prefijo. Por lo tanto, estos verbos y las palabras derivadas de ellos se acentúan en el prefijo:

vorstellen – Vorstellung; einkaufen – Einkauf; fernsehen – Fernseher; nachdenken – nachgedacht; anziehen – Anzug; aufheben – Aufhebung

- **Verbos con prefijo no separable o palabras derivadas de ellos.** En este caso tenemos que mencionar sobre todo los verbos con prefijo inseparable, pero también los sustantivos y adjetivos correspondientes derivados de ellos. Estas palabras no se acentúan en el prefijo sino en la sílaba de la raíz:

verkaufen – Verkauf; beantworten – Beantwortung; vergessen – vergesslich; erfahren – Erfahrung; zerstreuen – zerstreut; gebrauchen – Gebrauch; übernachten – Übernachtung

- **Extranjerismos.** El acento en una palabra extranjera que termina en una vocal larga o en un grupo de varias consonantes recae habitualmente al final de la palabra.

Biologie, Chemie, Industrie, Monarchie, Anarchie, Student, Elefant, Präsident, Referent

- **Las terminaciones -*ei* e -*ion*.** Estas dos terminaciones llevan el acento:

  Metzgerei, Bäckerei, Fischerei, Information, Intonation, Nation

Finalmente hay que destacar que, en ocasiones, el cambio de acento en una palabra puede modificar el significado de la misma, por lo que resulta importante acentuar correctamente. Algunos ejemplos:

übersetzen ('traducir') – *übersetzen* ('cruzar un río')
August ('agosto') – *August* ('payaso')

Bibliografía

BERGMANN, Rolf y PAULY, Peter: *Alt- und Mittelhochdeutsch. Arbeitsbuch zur Grammatik der älteren deutschen Sprachstufen und zur deutschen Sprachgeschichte.* 7., überbearbeitete und aktualisierte Auflage. Göttingen: Vandenhoeck und Ruprecht, 2007.

—: *Neuhochdeutsch. Arbeitsbuch zur Grammatik der deutschen Gegenwartssprache.* 4., erweiterte Auflage. Bearbeitet von Rolf Bermann und Claudine Moulin-Fankhänel. Göttingen: Vandenhoeck und Ruprecht, 1992.

— y STRICKER, Stefanie: *Einführung in die deutsche Sprachwissenschaft.* 5., überarbeitete und erheblich erweiterte Auflage. Heidelberg: Winter, 2010. (=Germanische Bibliothek: Neue Folge: Reihe 5, Handbücher und Einführungen).

BUSCHA, Anne y SZITA, Szilvia: *A-Grammatik: Übungsgrammatik Deutsch als Fremdsprache; Sprachniveau A1, A2.* Leipzig: Schubert, 2010.

—: *B-Grammatik: Übungsgrammatik Deutsch als Fremdsprache; Sprachniveau B1, B2.* Leipzig: Schubert, 2011.

CARTAGENA, Nelson y GAUGER, Hans-Martin: *Vergleichende Grammatik Spanisch-Deutsch.* Mannheim: Dudenverlag, 1989.

CASTELL VICENTE, Andreu: *Gramática de la lengua alemana.* Madrid, Editorial Idiomas, S. L., 2002.

DREYER, Hilke y SCHMITT, Richard: *Lehr- und Übungsbuch der deutschen Grammatik- aktuell.* Edición revisada. Ismaning, Verlag für Deutsch, 2010.

Duden: Die deutsche Rechtschreibung. 27., völlig neu bearbeitete und erweiterte Auflage. Herausgegeben von der Dudenredaktion. Band 1. Mannheim *et. al.*: Dudenverlag, 2017.

FABRICIUS-HANSEN, Cathrine; GALLMANN, Peter Y EISENBERG, Peter: *Duden, die Grammatik: unentbehrlich für richtiges Deutsch (Band 4)*. 7.ª edición revisada y aumentada. Mannheim: Dudenverlag, 2005.

FANDRYCH, Christian y TALLOWITZ, Ulrike: *Klipp und Klar. Übungsgrammatik Grundstufe Deutsch*. Stuttgart: Klett, 2000.

GLÜCK, Helmut y RÖDEL, Michael (eds.). *Metzler Lexikon Sprache*. 5., aktualisierte und überarbeitete Auflage. Stuttgart/Weimar: Metzler, 2017.

HELBIG, Gerhard y BUSCHA, Joachim: *Deutsche Grammatik - Ein Handbuch für den Ausländerunterricht*. Stuttgart: Klett, 2013.

HERING, Axel, MATUSSEK, Magdalena y PERLMANN-BALME, Michaela: *Sicher! Übungsgrammatik*. München: Max Hueber Verlag, 2018.

REIMANN, Monika: *Grundstufen-Grammatik für Deutsch als Fremdsprache*. Ismaning: Max Hueber Verlag, 2010.

Enlaces de internet

http://www.uni-bielefeld.de/lili/studium/faecher/daf/personen/richter_julia/lehre/ausspracheschulung/fehlerbeispiele/suprasegmentalia/wortakzent.html

https://karrierebibel.de/duzen-siezen/

https://www.bussgeldkatalog.org/beleidigung-im-strassenverkehr/

https://www.din.de

https://de.wikipedia.org/wiki/DIN_5008

https://www.studienkreis.de/deutsch/offizieller-brief-inhalt-tipps/

https://www.duden.de/

https://www.dwds.de/

https://www.wissenschaft-im-dialog.de/projekte/wieso/artikel/beitrag/woher-stammt-der-name-des-gesellschaftsspiels-teekesselchen/

http://www.deutschunddeutlich.de/contentLD/GD/GDiv19lDoppelbed.pdf

https://de.pons.com/%C3%BCbersetzung/deutsch-als-fremdsprache/Fugenelement+s

https://www.wortbedeutung.info

https://is.muni.cz/do/rect/el/estud/pedf/ps12/wortbild/web/pages/02-2_derivation.html

https://www.studis-online.de/Studieren/Richtig_schreiben/wochentage.php

Índice de palabras, expresiones y materias